ROMA 410 AD

MUJERES BAJO EL ASEDIO

© Editorial Rhemata

Colección "Rhemata Antigüedad"

Volumen 5

1ª Edición: Noviembre 2024

Diseño del libro y maquetación: Editorial Rhemata

Imagen de portada: Fotografía realizada por el propio autor del Dípito de Estilicón, Tesoro de la Catedral de Monza, Italia.

Comité editorial: Eugenio Amato (Université de Nantes, Francia), Josep Antoni Clúa (Universitat de Lleida, España), Sergi Grau (Universitat de Barcelona, España), Carmen Arronis (Universitat d'Alacant, España), David Hernández De La Fuente (Universidad Complutense de Madrid, España), Virginia Iglesias (Universidad de Granada, España), Robert Kelz (University of Memphis, Estados Unidos), Ioannis Kioridis (Hellenic Open University, Grecia), Catalina Monserrat Roig (Universitat de les Illes Balears, España), Carmen Morenilla (Universitat de València, España), Camillo Neri (Università di Bologna, Italia).

Director de la colección: Israel Muñoz Gallarte (Universidad de Córdoba, España).

Comité de la colección: Esteban Bérchez Castaño (Universitat de València, España), Luisa Lesage Gárriga (Universidad de Córdoba, España), Carmen Sánchez Mañas (Universidad de Murcia, España), Ronald Antonio Ramírez Castellanos (Universidad de la Habana, Cuba).

© Jesús Sanchis Calabuig

Editorial Rhemata

Avda. Onze de Setembre, 8B, 8º-1ª

43203 Reus (Tarragona)

www.rhemata.es

ISBN: 978-84-128350-6-9

Depósito legal: T-1140-2024

Impreso en España

ROMA 410 A.D.

MUJERES BAJO EL ASEDIO

JESÚS SANCHIS CALABUIG

ÍNDICE

Agradecimientos 9
Introducción 11

1. Serena 15
2. Anicia Faltonia Proba 31
3. Laeta 45
4. Melania la Joven 51
5. Gala Placidia 63
6. Marcela 73
7. Ursa, Restituta y otras mujeres 83
8. Terasia 91
9. Gala Placidia: epílogo 101

Abreviaturas utilizadas 115
Bibliografía 117
Índice onomástico 129
Cronología 135
Árboles genealógicos 139

AGRADECIMIENTOS

A todas las personas del mundo virtual y del mundo real que me han apoyado, desde el primer día, en mi aventura (tardo)romana. Sin ellos y ellas hubiera sido imposible obtener la energía necesaria para seguir adelante en esta tarea.

Mi agradecimiento a Ángel Narro por sus consejos y sus sugerencias siempre acertadas, y por creer desde el primer momento en este proyecto y contribuir a que se hiciera realidad en forma de libro.

Special thanks to Julia Hillner, for all her support and encouragement.

I moltes gràcies als meus germans, i a tota la família. Sense el seu recolzament, res de tot açò seria possible.

INTRODUCCIÓN

En verano del año 410 de nuestra era se materializó en Roma la peor pesadilla que pudieran tener sus habitantes. Después de dos años de asedios intermitentes, los godos, liderados por Alarico, atravesaban sus puertas para someterla, durante varios días, al saqueo. En aquellos tiempos, Roma conservaba aún gran parte de su grandeza, acrecentada a lo largo de los siglos. A las grandes construcciones que aún hoy en día podemos reconocer, como el Coliseo, el Panteón o las termas de Diocleciano, se le habían unido otro tipo de edificios: los lugares de culto de la nueva religión que a lo largo del siglo IV, desde los tiempos de Constantino I (*imp.* 306-337), se había convertido en preponderante: el cristianismo. Pero ese no era el único cambio. Desde el siglo III, Roma había dejado de ser la residencia oficial de los emperadores, que preferían establecer su corte en lugares mejor situados estratégicamente respecto de los conflictos de la época, por ejemplo Tréveris, Milán o Sirmium, a las que hay que añadir la ciudad que a veces conocemos como la segunda Roma: Constantinopla, fundada en 330 por Constantino. En el año 410, además, estaba ya consolidada la división entre el imperio romano de Occidente y el de Oriente, con capital en Constantinopla. Honorio, augusto de Occidente, residía en Rávena; de hecho, prefirió permanecer en esa ciudad durante todo el tiempo que duró el conflicto con los godos. Esta es, a grandes rasgos, la situación en que se encontraba Roma en aquel verano de 410. A lo largo del libro iré entrando en mayores detalles sobre el contexto de la época, pero en realidad el objetivo principal no es narrar los grandes acontecimientos históricos en toda sus dimensiones. El objetivo, o más bien la perspectiva que utilizo, es otro.

En el libro hablaré de Gala Placidia, Serena, Melania, Ursa, Anicia Faltonia Proba y otras mujeres cuyas vidas se vieron afectadas de una manera u otra por los acontecimientos de 408-410 en Roma. Cada una de ellas tuvo su historia particular: están las que escaparon a tiempo, las que se vieron atrapadas, las que salieron de la ciudad en busca de algún tipo de libertad, las que volvieron, las que no volvieron nunca, las que fallecieron en medio del conflicto.

Trazar sus vivencias no es tarea fácil. Por lo general, las fuentes antiguas que nos hablan del periodo tardorromano (siglos IV y V) son escasas y a menudo fragmentarias, pero en el caso de las mujeres el problema se acentúa. Los cronistas, poetas y autores cristianos de la época se centraban sobre todo en personajes masculinos y en hechos históricos protagonizados por hombres. Además, las menciones a mujeres se corresponden a veces con episodios en los que se muestra una imagen estereotipada de estas, con el objetivo, a menudo, de subrayar las causas de determinados acontecimientos históricos o justificar ciertos comportamientos de personajes masculinos, dependiendo siempre de las prioridades o el sesgo ideológico del autor en cuestión. Un problema añadido es la sobrerrepresentación de mujeres que se dedicaron a la vida religiosa, debido a la conservación selectiva de textos cristianos; la obra de autores como Ambrosio, Jerónimo, Agustín o Paulino de Nola fue ampliamente copiada y transmitida, en detrimento de autores cuyos escritos, de carácter secular, eran considerados menos interesantes o apropiados. Lo mismo ocurre con las mujeres de este periodo que produjeron obra literaria. En todos los casos, lo que ha conservado de ellas, por ejemplo los poemas de Faltonia Betitia Proba, los de Aelia Eudocia o el relato del viaje de Egeria, son textos de carácter religioso. A pesar de las dificultades, se trata de un área de estudio en constante crecimiento, con un número cada vez mayor de publicaciones y proyectos de investigación en el mundo académico; en los últimos tiempos me he dedicado a investigar y escribir sobre mujeres tardorromanas en diversos medios, una tarea que ahora cristaliza en un libro que, según confío, no será el último que escriba sobre esta temática.

El periodo tardorromano resulta bastante desconocido para el público en general, acostumbrado a una imagen de la antigua Roma que se centra en etapas anteriores, sobre todo los últimos siglos de la república y los primeros del Imperio. Para ayudar al lector o lectora a situarse en el marco histórico de los siglos IV y V, he incluido en la parte final del libro una cronología de los principales acontecimientos históricos y una sección con árboles genealógicos.

Lo que tiene en sus manos no es una novela, sino un ensayo de divulgación histórica. Al mismo tiempo, es una invitación a imaginar un pasado que es tan difícil de reconstruir por la escasez de datos, una invitación a despertar curiosidades, a leer más, a sumergirse en una época tan poco conocida que nos remite al pasado pero también al presente, porque lo ocurrido en aquellos tiempos determina en gran medida nuestros propios tiempos.

I. SERENA

De todas las mujeres que forman este libro, Serena es la primera víctima conocida del asedio a Roma. Pero no murió a manos de los godos, como podría pensarse en un principio, sino por orden del Senado. Su historia es la de una estrepitosa caída desde las más altas cimas del poder; el ambiente irrespirable de la ciudad sitiada, su enfrentamiento a los senadores, y quizá también su enemistad con una mujer de la que hablaré más tarde, precipitaron los acontecimientos. Pero empecemos por el principio.

Serena era natural de Hispania, al igual que su padre, Honorio, y su tío Teodosio, que pasaría a la historia como Teodosio I, emperador entre 379 y 395, y uno de los grandes personajes de la historia romana. El padre de Serena murió cuando ella era una niña; en cuanto a la madre, ni siquiera se conoce su nombre, ya que ninguna fuente antigua la menciona de manera explícita. A la muerte de Honorio, Serena fue acogida por su tío, un hecho que sería determinante en su biografía, sobre todo en enero de 379, cuando la proclamación de Teodosio como augusto de Oriente supuso para Serena, entre otras cosas, el largo viaje desde Hispania hasta Constantinopla, y el comienzo de una nueva vida para ella y para todas las personas de su entorno. El poeta Claudiano menciona a tres mujeres que acompañaron a Teodosio a Oriente: su esposa Flaccila, María y la propia Serena.[1] Tradicionalmente se ha supuesto que esta 'María', sobre la que no tenemos ninguna otra información, podría ser la madre de Serena, entre otras cosas porque ese es el nombre que le puso a su hija mayor, pero no hay manera de establecerlo con certeza.

---

[1] Claudiano, *Laus Ser.* 69.

No se sabe el año de nacimiento de Serena, pero por datos indirectos podría situarse en torno al 370. En esa época, su familia estaba alcanzando sus más altas cotas gracias a su abuelo Teodosio, padre del emperador, que fue *magister equitum* (369-375) y como tal comandó con éxito varias campañas militares, por ejemplo la que permitió sofocar la sublevación de Firmo en África, en 373. Pero sus logros militares no impidieron su caída en desgracia y posterior ejecución, en 375/376. Su hijo, el futuro emperador Teodosio, se retiró a las posesiones hispanas de la familia para evitar posibles riesgos. Fue en aquellos años, cuando vivía en Hispania como ciudadano privado, cuando se produjo la muerte de su hermano Honorio, y la incorporación de Serena, ahora huérfana de padre, a su familia. En principio, hay motivos para pensar que pudo tratarse de una adopción formal. En su *Laus Serenae*, el texto que mayores datos aporta sobre la biografía de Serena, el poeta Claudiano lo expresa del siguiente modo: "Muerto el progenitor, te adopta el sublime tío".[2] En otros textos del propio Claudiano se dice de ella que es hija de Teodosio, o se hacen otro tipo de referencias a una relación paterno-filial, que sin duda son reflejo de la proximidad que existió entre ambos, pero más allá de los efectos estilísticos o de las intenciones propagandísticas, es poco probable que Serena fuera adoptada de manera formal por su tío.[3]

Teodosio llevaba varios meses en Oriente antes de ser nombrado augusto por Graciano, hijo de Valentiniano I. Su primera misión fue intentar resolver la crisis creada tras la batalla de Adrianópolis (año 378), en la que las tropas romanas habían sufrido una severa derrota contra los godos; entre las numerosas bajas estaba la de Valente, hermano de Valentiniano y antecesor de Teodosio en el cargo de augusto. En ese contexto histórico de crisis, en el que Teodosio tuvo que emprender varias campañas militares contra los godos para intentar reconstituir el dominio romano en las provincias danubianas, se produjo la llegada de Serena a Constantinopla.

Sabemos muy poco sobre ella en sus primeros años en la nueva ciudad. Contó con la compañía de su hermana Termancia, de la que tenemos escasas noticias en las fuentes. Claudiano dice explícitamente que, entre

---

[2] Claudiano, *Laus Ser.* 104-105: *defuncto genitore tuo sublimis adoptat / te patruus.*
[3] Para un análisis detallado de la cuestión, véase Cameron (2016).

las dos hermanas, Teodosio sentía un mayor afecto por Serena, y añade unos versos más adelante que Termancia se casó con un general (*comes*), pero tuvo una vida mucho más irrelevante que su hermana.[4] Eso es todo lo que se sabe de una persona que, probablemente, debió ser uno de los principales apoyos de Serena en sus primeros años.

El año 384 se concertó el matrimonio de Serena con Estilicón, un personaje de perfil bajo en la corte constantinopolitana, que en esos momentos ocupaba el cargo de *comes sacri stabuli*. Serena tendría entonces alrededor de catorce años, una edad que nos puede sorprender desde una óptica moderna pero que en aquellos tiempos se consideraba aceptable para que una mujer fuera desposada. Estilicón, de mayor edad que ella, era hijo de un militar de caballería que había servido a las órdenes de Valente, y descendiente, al menos parcialmente, de bárbaros (Orosio, por ejemplo, lo describe como un vándalo);[5] dada su juventud, no tenía en su haber ninguna acción militar de renombre. Quizá estas características lo hacían ideal para desposarse con Serena; otro candidato con mejores credenciales y con una parentela más puramente romana podría suponer un peligro en el futuro, como posible pretendiente a la púrpura imperial. Al fin y al cabo Serena era sobrina del augusto legítimo, y eso la convertía en posible objetivo para cualquier usurpador que pretendiera dar legitimidad a sus pretensiones.

Fue en Constantinopla donde nacieron las dos hijas de Serena y Estilicón: María y Termancia. Tuvieron también un hijo, de nombre Euquerio, pero en este caso existe la posibilidad de que su nacimiento se produjera en Roma, o al menos eso es lo que se deduce de unos versos de Claudiano escritos en el año 400, con ocasión del primer consulado de Estilicón.[6] Hay dos posibles fechas para la presencia de Serena en Roma y el consiguiente nacimiento de su hijo Euquerio: en 389, en relación con la visita del emperador Teodosio a la ciudad después de vencer al usurpador Magno Máximo,[7] o en 394/395, cuando sabemos con seguridad

[4]   Claudiano, *Laus Ser.* 132-133 y 186-188.
[5]   Orosio, *Hist. ad. Pag.* VII 38.1.
[6]   Claudiano, *De Cons. Stil.* III 176-181.
[7]   Hidacio, *Crónica*, 19.

que Serena se había desplazado a Occidente en el contexto de la segunda campaña victoriosa de Teodosio contra un usurpador, en este caso Eugenio.[8] En ambos casos, Teodosio tenía motivos sobrados para estar de celebración, tras haber sido capaz de reforzar su posición al frente de un imperio romano unificado. Su alegría fue aún mayor con la presencia de su querida sobrina Serena, que, para colmo de júbilo, le presentaba al recién nacido Euquerio. Según nos cuenta Claudiano, Teodosio levantó en brazos a su 'nieto', que se movía a gatas vestido con ropa de púrpura.[9] El recurso al parentesco directo con Teodosio (abuelo/nieto), así como el ensalzamiento de Euquerio como posible candidato a la púrpura, entran dentro del lenguaje propagandístico de Claudiano, cuyos poemas, en su mayoría, servían a los intereses de Estilicón y Serena.

¿Cómo era la vida de Serena durante esos años? Por desgracia, las fuentes no nos dan mucha información al respecto. Claudiano nos dice que a Serena le gustaba leer a los poetas clásicos latinos, un detalle que le sirve al autor para lanzarse a un elaborado excurso en el que nos habla de varias figuras femeninas de la tradición literaria grecolatina.[10] En este caso, da la sensación de que, más que ensalzar a la protagonista del poema, lo que intenta el autor es buscar su propio lucimiento. Pero no hay por qué dudar de las aficiones literarias de Serena. Al fin y al cabo, Claudiano utilizaba información de primera mano sobre ella.

El lado personal de Serena nos resulta bastante desconocido, pero tenemos al menos información relevante sobre algunos acontecimientos históricos que transformaron su vida. En abril de 394, Teodosio partía hacia Occidente en su campaña contra el usurpador Eugenio; lo hacía, de manera un tanto sorprendente, acompañado de su hijo Honorio,[11] que no llegaba entonces a los diez años de edad, mientras que su primogénito, Arcadio, permanecía en Constantinopla. Unas jornadas después de emprender la marcha, ya en suelo de Tracia, el emperador decidió que Ho-

---

[8]   Paschoud (1986: 264) descarta la posibilidad de un viaje a Roma de Teodosio en 394, de manera que sería preferible situar el nacimiento de Euquerio en 389.

[9]   Claudiano, *De Cons. Stil.* III 178-179: (...) *laetatus at ille / sustulit in Tyria reptantem veste nepotem.*

[10] Claudiano, *Laus Ser.* 146 y sig.

[11] Claudiano, *III Cons. Hon.* 111-113; Zósimo, *Hist. Nova* IV 58.1.

norio se quedara en lugar seguro, mientras él continuaba su camino hacia Occidente.[12] A partir de ese momento fue Serena la que asumió la tarea de hacer compañía al hijo menor del emperador mientras esperaban acontecimientos. Estos no tardarían en producirse. En septiembre de ese mismo año, Teodosio vencía a Eugenio en la batalla del Frígido, momento en el que Serena, acompañando a Honorio, y seguramente también a Gala Placidia, hermana de Honorio por parte de padre, emprendió el largo viaje hacia Occidente. No sabemos con certeza si estaban en Milán cuando se produjo el siguiente acontecimiento trascendental en la vida de todos ellos: la muerte de Teodosio, por causas naturales, el 17 enero de 395, pero sí que asistieron, cuarenta días después, a la ceremonia conmemorativa presidida por el obispo Ambrosio, que pronunció un discurso fúnebre cuyo texto se conserva.[13] Es de suponer que Serena, a la que Ambrosio no menciona en su discurso, asistió también a tan solemne ocasión.

Uno de los motivos principales de la ceremonia religiosa presidida por Ambrosio era el de despedir los restos mortales de Teodosio antes de que estos fueran transportados a Constantinopla para su sepultura.[14] Según la hipótesis de S. Oost, la encargada de acompañar el féretro a Constantinopla fue la propia Serena, que en esos momentos era, entre los miembros de la familia teodosiana presentes en Milán, la de mayor edad.[15] Las fuentes antiguas no mencionan quién se encargó de cumplir tal tarea, pero existe un dato que, según Oost, podría situar a Serena en Constantinopla en el año 395: Claudiano nos cuenta que Serena envió a su marido desde esa ciudad una serie de cartas en las que lo informaba de las maniobras de Rufino, pretorio del prefecto de Oriente y rival de Estilicón.[16] Sabemos que Rufino murió por orden de Estilicón en noviembre de 395. Las fechas, como vemos, cuadran con la hipótesis de Oost: la presencia de Serena en Constantinopla podría explicarse por su viaje de vuelta a la ciudad acompañando los restos mortales de su tío, el emperador Teodosio. Así pues, siguiendo esta hipótesis tendríamos un segundo viaje de

---

[12] Claudiano, *III Cons. Hon.* 73–87; *IV Cons Hon.* 353–63; véase Doyle (2019: 78).
[13] Ambrosio, *De Obit. Theod.* 54-56; Paulino de Milán, *Vita Ambros.* 32; véase Oost (1968: 61).
[14] Ambrosio, *De Obit. Theod.* 54-56.
[15] Oost (1968: 62).
[16] Claudiano, *Laus Ser.* 232-236. Sobre Rufino, véase *PLRE* I: Rufinus 18.

Serena desde Constantinopla hasta Occidente, quizá en la segunda mitad del año 395. En esta ocasión Serena, sabedora de que su residencia a partir de ahora iba a estar en Occidente, se habría llevado consigo a sus hijas María y Termancia, y también a Euquerio (en este último caso, con las salvedades expuestas anteriormente sobre el año de su nacimiento). El testimonio de Claudiano, por lo demás, revela un detalle importante acerca de Serena: su participación activa en los asuntos de estado, ya en época temprana, al convertirse en la persona que comunicaba a Estilicón acontecimientos relevantes de la política constantinopolitana de la época, en medio del conflicto de intereses establecido entre Rufino y Estilicón, que finalmente, como hemos visto, acabó resolviéndose a favor de este.

Una vez de vuelta en tierras de Italia, daba comienzo una nueva etapa en la vida de Serena. Honorio se había convertido en el augusto de Occidente, pero su corta edad hacía que el poder real residiera en la persona que su padre, Teodosio, había designado como su tutor, que no era otro que Estilicón, marido de Serena. Estilicón ostentaba el título oficial de *comes et magister utriusque militiae*, pero en la práctica era mucho más que eso. Poco a poco, el dúo formado por Estilicón y Serena, ayudados por una maquinaria propagandística de la que el poeta Claudiano formaba una parte esencial, fue capaz de extender sus tentáculos en todas las esferas de poder. Uno de los mecanismos que utilizaron fue el de introducir a sus hijas e hijo en la familia imperial a través de matrimonios. En 398 concertaron el de su hija María con Honorio; poco les importó la corta de edad de ambos, o el hecho de que fueran parientes (Serena, madre de María, era prima de Honorio). Por otra parte, uno de los poemas de Claudiano sugiere que Euquerio, hijo menor de Estilicón y María, estuvo prometido a Gala Placidia, hija de Teodosio y Gala.[17] En cualquier caso, el supuesto matrimonio no llegó nunca a materializarse.[18]

Si hay una imagen que simboliza la posición de poder y las ambiciones que albergaban Estilicón y Serena, esta sería la del díptico de marfil en la que aparecen retratados junto a su hijo Euquerio. La pieza, conocida como 'Díptico de Estilicón', se conserva en el tesoro de la catedral

---

[17] Claudiano, *Cons. St.* II 355-360.

[18] Para más detalles sobre los primeros años de Gala Placidia, véase el Cap. 5 de este libro.

de Monza. En una de sus caras aparece una dama ricamente ataviada, acompañada por un niño; en la otra vemos a un personaje masculino con lanza, escudo y espada, y el manto (*paludamentum*) de los generales romanos. Aunque no se mencionan los nombres de los personajes representados, hay un buen número de indicios que apuntan en la dirección de Serena y su familia.[19] Si aceptamos esta atribución, la presencia destacada de Serena podría entenderse como garantía de legitimidad para el verdadero objetivo del díptico: presentar a Euquerio, todavía un niño, como integrante de los planes dinásticos de la pareja. Un detalle significativo, por ejemplo, es la rosa que lleva Serena en su mano derecha. Según A. Cameron, la rosa, así como la manera en que el personaje femenino se recoge el vestido con la mano izquierda, serían propios de la iconografía de *Spes* (=Esperanza), una divinidad que tradicionalmente se asociaba con la presentación de nuevos miembros del colegio imperial.[20] Esa era, efectivamente, la esperanza de Serena y Estilicón respecto de su hijo Euquerio.

Gran parte de lo que sabemos sobre Serena tiene que ver con su papel dentro de estos engranajes de poder. En ocasiones, como en el caso de la *Historia Nova* de Zósimo, la narración incluye episodios un tanto novelescos, basados quizá en cuchicheos de la época. Zósimo escribió su texto en la segunda mitad del siglo V, basándose sobre todo en una obra de Eunapio de Sardes, hoy en día perdida. En uno de sus pasajes, Zósimo nos cuenta que Serena tenía remordimientos por haber entregado a María en matrimonio a una edad demasiado temprana. Por ello, recurre a una mujer que, utilizando unas técnicas o pócimas no descritas, provoca la impotencia de Honorio, asegurando de ese modo la virginidad de María.[21] El relato, poco creíble en sí mismo, responde quizá a invenciones populares o chascarrillos creados a partir de un hecho cierto: la ausencia de hijos en la pareja, cuyo matrimonio duró aproximadamente diez años. Episodios como este tienen poco valor desde el punto de vista histórico, pero al menos reflejan algún tipo de reacción popular basada en hechos reales. En el caso de Zósimo, y de Eunapio, estos episodios tienen que ver también con una postura religiosa: ambos eran paganos en una época

---

[19] Véase Cameron (2016) para un análisis completo de la cuestión.
[20] Cameron (2016: 516).
[21] Zósimo, *Hist. Nova* V 28.

en la que el cristianismo se había convertido en la religión predominante en el Imperio. A través de esa óptica, el retrato que obtenemos de Serena adquiere en ocasiones matices negativos, pues ella, como el resto de integrantes de la dinastía teodosiana, profesaba sin lugar a dudas la religión cristiana. Hay otro autor que hace referencia a la esterilidad de Honorio inducida por Serena. Se trata de Filostorgio, que lo menciona en su *Historia Eclesiástica*, una obra que conocemos por el resumen elaborado siglos después por Focio. Filostorgio era un autor contrario a la versión 'ortodoxa' del cristianismo defendida por Teodosio; no es de extrañar, por tanto, que recogiera también estos comentarios negativos.

En el otro extremo, por supuesto, tenemos a Claudiano, en cuyos poemas se ensalza repetidamente la figura de Serena. En realidad, el objetivo del poeta, ya fuera en panegíricos dedicados al emperador, o a otros personajes notorios del Occidente romano, o a la propia Serena en su *Laus Serenae*, era ensalzar la figura de su patrón y protector, que no era otro que Estilicón. El relato de las victorias militares de este, a menudo manipulado, acompañado de la demonización de sus enemigos, entre otros Rufino, servía para apuntalar un régimen que, hasta el año 408, no presentaba fisuras aparentes. Pero hay que reconocer que sus versos, a pesar de los evidentes intereses que los guiaban, alcanzan en ocasiones una gran belleza. Lo vemos por ejemplo en la *Laus Serenae*, donde el poeta hace una bella descripción de Hispania, la tierra que según él destacó por dar al Imperio notables personajes, tanto hombres como mujeres: (...) *nex laude virorum / censeri contenta fuit, nisi matribus aeque / vinceret et gemino certatim splendida sexu / Flaccillam Mariamque daret pulchramque Serenam.*[22]

Como vemos, la figura de Serena nos llega tamizada por el filtro de los diversos autores que escribieron sobre ella, cada uno guiado por sus propias prioridades e ideología. Aparte de esto, existen pocos testimonios directos de sus acciones. Uno de ellos tiene que ver con su faceta religiosa. Sabemos por una inscripción, hoy en día perdida, que Serena ordenó la realización de unas obras de embellecimiento del sepulcro de San Na-

---

[22] Claudiano, *Laus Ser.* 66-69: "no se hubiese contentado con ser apreciada por los elogios a sus varones, si no hubiese sobresalido igualmente en mujeres, y no hubiese dado, espléndida a porfía en ambos sexos, a Flacila, María y la bella Serena". (Trad. de Castillo Bejarano, 1993, vol. II: 289).

zario, en Milán.[23] Por lo demás, su participación en asuntos de estado se ciñe a lo que de ella nos cuentan autores como los anteriormente citados. Tenemos, por ejemplo, algunas intervenciones de Serena en momentos críticos, cuando el régimen de Estilicón empezaba a tambalearse. Según Zósimo, Serena había mediado para que las relaciones entre Honorio y su hermano Arcadio (augusto de Oriente) se mantuvieran en buenos términos a pesar de las tensiones crecientes entre ambos.[24] En otra ocasión, ante la amenaza de Alarico, convenció a Honorio de la conveniencia de trasladarse a Rávena, para mayor seguridad.[25] Pero antes de eso, hay un texto que nos muestra a Serena en la cima de su poder, cuando Melania la Joven acudió a ella para obtener una serie de favores (lo veremos con más detalle en el capítulo 4, dedicado a Melania). No cabe duda de que estos testimonios reflejan una participación activa por parte de Serena en la toma de determinadas decisiones que afectaban al gobierno imperial, o al menos reflejan su capacidad de influencia en momentos importantes. ¿Hasta qué punto estaba involucrada en los asuntos de estado? ¿Cuál fue su papel real en el esquema de ambiciones y estrategias que Estilicón estableció en el Occidente romano? Algunos autores antiguos, por ejemplo Geroncio, la califican como *regina* (= reina), enfatizando así la importancia que su figura había adquirido durante aquellos años.[26] Una 'reina' honorífica, sin corona, y sin pretensiones de convertirse en *augusta*, el título que demostraba la asociación directa con el poder imperial. Para eso contaba con las alianzas matrimoniales de sus hijos.

Pero todos estos honores, así como la posición de privilegio de la que disfrutaban Estilicón y Serena, se fueron al traste en el año 408. Queda fuera de las pretensiones de este libro hacer un análisis minucioso de los complejas circunstancias que condujeron a ese momento crítico, pero intentaré al menos esbozar sus principales líneas, sobre todo en lo que atañe a Serena.[27]

---

23 *CIL* V 6250 (*ILCV* 1801).
24 Zósimo, *Hist. Nova* V 29.
25 Zósimo, *Hist. Nova* V 30.
26 Geroncio, *Vita Mel.* (Lat), XI 1: *Piisima autem Serena regina* (...); para más ejemplos de otros autores, véase Cameron (2016).
27 Para conocer mejor estos acontecimientos, puede consultarse la siguiente bibliografía: Kulikowski (2007: 154-184) y (2019: 96-142); Heather (2006: 191-250); McEvoy (2013a: 135-220); Lizzi Testa

En el año 407, o quizá a principios de 408, fallecía María, hija mayor de Serena y Estilicón, cuyo matrimonio con Honorio no había dado los frutos esperados en forma de hijos. Algunas fuentes antiguas, de hecho, indican que María murió siendo virgen, igual que su hermana Termancia.[28] No sabemos las circunstancias en que se produjo su muerte, ni tampoco se conocen detalles relevantes sobre su vida, más allá de su matrimonio con Honorio; no recibió títulos honoríficos, como el de augusta, ni su efigie figura en ninguna moneda emitida por su marido. Sin embargo, la casualidad quiso que llegara a tiempos modernos un testimonio extraordinario relacionado con ella. El año 1544, durante las obras de demolición de la antigua basílica de San Pedro, en Roma, los operarios se encontraron con un sepulcro antiguo en el subsuelo de la capilla de Santa Petronila, que también fue demolida. La tumba incluía una enorme cantidad de objetos valiosos. Los de oro fueron fundidos de inmediato para sufragar los gastos del nuevo templo cristiano, los demás objetos sufrieron diversos destinos; a la mayoría de ellos se les fue perdiendo el rastro a lo largo de los siglos. Por suerte, gran parte de las piezas halladas fueron descritas y dibujadas por testigos oculares del hallazgo, y algunas de esas piezas, por sus textos inscritos, sirvieron para identificar el sepulcro como el de María, esposa de Honorio. Por suerte ha llegado hasta nosotros una de esas piezas, el llamado 'colgante de María', conservado actualmente en el Museo del Louvre. En él puede leerse su nombre y el de los miembros más cercanos de su familia (MARIA - HONORI - STELICHO - SERHNA), cuyas letras forman, junto a las de la palabra VIVATIS, la figura de un crismón.

El sepulcro formaba parte del mausoleo imperial mandado construir por Honorio junto a la basílica vaticana, un lugar que albergaría los restos del propio Honorio, de María, y muy probablemente de otros miembros de la familia imperial. Es posible que algunos vestigios de esos sepulcros, y con ellos buena parte de los objetos que formaban sus ajuares funerarios, permanezcan aún bajo las construcciones renacentistas de San Pedro.[29]

(2022: 180-225); Salzman (2021: 96-147); Mathisen (2013); Machado (2013); Wijnendaele (2018); Matthews (1975); Rebenich (2019).

[28] Zósimo, *Hist. Nova* V 28; Marcelino *comes*, *Chron.* s.a. 408.

[29] Para mayor información sobre el mausoleo de Honorio, véase Paolucci (2008), Johnson (2014: 167-174), McEvoy (2013b).

La muerte de María debió ser un duro golpe para Serena y Estilicón. Las fuentes antiguas no registran ninguna información sobre el estado de ánimo de sus familiares o las muestras de dolor que sin duda se produjeron. Lo que sí que nos cuentan es que el dúo Serena-Estilicón no tardó en encontrar una solución para el problema: casar a Honorio con la hermana menor de María, Termancia. Según nos cuenta Zósimo, el enlace matrimonial entre Honorio y Termancia se produjo poco después de la defunción de María, principalmente por instigación de Serena, que deseaba conseguir descendencia imperial a toda costa.[30] Sería oportuno recordar, una vez más, el poco afecto que demuestra Zósimo, en general, hacia la figura de Serena, de ahí, tal vez, que la responsabilice a ella en exclusiva de una acción que, a todas luces, debió causar estupor en la sociedad romana de la época. La boda se produjo en una fecha indeterminada del año 408. Por esa época, se iba haciendo cada vez más evidente que se estaba construyendo, en los ambientes senatoriales y aristocráticos de Roma, una corriente de opinión contraria a Estilicón, que acabaría con su caída definitiva. Es posible que la segunda boda de Honorio fuera una de las gotas que colmaron el vaso, pero las causas esenciales habría que buscarlas en las circunstancias históricas de aquellos años.

La primera década del siglo V se vio plagada de acontecimientos que amenazaban la seguridad e integridad del imperio, y por consiguiente la moral de sus ciudadanos. A finales de 401, después de varios años por tierras de Iliria y Grecia, en los que había acumulado un largo historial de alianzas y desavenencias con los romanos de Oriente y de Occidente, el caudillo Alarico conducía a los confines septentrionales de Italia a su pueblo, identificado ya en esa época como 'godos'. En realidad, no se trataba de un grupo tan homogéneo como sugiere el uso habitual del término, sino más bien una amalgama de elementos de diversa procedencia.[31] Durante la primavera de 402, Alarico lanzaba un ataque en territorio italiano; su intención no era destruir Roma, sino conseguir una serie de conce-

---

[30]   Zósimo, *Hist. Nova* V 28.1-3; véase Johnson (2014: 167-174, 203-218).
[31]   Kulikowski (2019: 43) utiliza el término 'collectivities' ("colectividades") para referirse a alamanes, godos y francos: "(...) there is no better word, since they were neither tribes nor 'peoples' nor cohesive polities (...)" ; trad. del autor: "(...) no hay mejor palabra, ya que no eran tribus ni 'pueblos' ni organizaciones políticas cohesionadas (...)".

siones que las fuentes no especifican.[32] El conflicto se resolvió finalmente con la victoria de las tropas romanas, al mando de Estilicón, y la retirada de Alarico a los Balcanes. Pero quedaba claro que, por primera vez desde hacía mucho tiempo, el corazón del Imperio y la propia ciudad de Roma estaban expuestas al ataque de fuerzas bárbaras. Eso llevó a Honorio, entre otras cosas, a emprender obras de reforma en la muralla aureliana de Roma.[33] Otra decisión importante, tomada seguramente en 402, fue la de trasladar la residencia imperial a Rávena, considerada una ciudad más segura que Milán o la propia Roma. Con él viajaría la que entonces era su esposa, María, y probablemente también Termancia y Serena.

A finales de 405, un nuevo caudillo godo, de nombre Radagaiso, irrumpía con un enorme ejército en el norte de Italia; no se conocen muchos detalles de sus acciones militares pero hay que imaginar que fue capaz de tomar importantes posiciones al norte del Po. Sería finalmente derrotado por Estilicón en la batalla de Faesulae (actual Fiesole), en agosto de 406, y posteriormente ejecutado.[34] Por esos mismos años, para complicar más las cosas, se produjo una primera sublevación de las tropas de Britania, liderada por Marco, a la que sucederían otras que culminarían con la de Constantino, en 407, que extendió el conflicto a la Galia (en la historiografía moderna se lo conoce como Constantino III). Por si fuera poco, el territorio galo sufría en aquellos tiempos la invasión de suevos, vándalos y alanos, que habían atravesado la frontera del Rin el 31 de diciembre de 406.[35]

En el año 407, Alarico decide volver de nuevo a Occidente, después de haber ocupado un cargo militar en el Ilírico dentro de la estructura del Imperio romano de Oriente. Se establece en el Nórico, provincia situada al norte de los Alpes, y desde allí amenaza con una nueva invasión si no se le satisfacen sus pretensiones, que los autores antiguos cifran en 4.000 libras de oro. Estilicón es partidario de acceder a las demandas de Alarico, como medida pragmática para evitar males mayores, y finalmente con-

---

[32] Kulikowski (2007: 170).
[33] Dey (2011: 32-48); Roberto (2012: 27-30); Claudiano, *VI Cons. Hon.* 529-536; *CIL* VI 1188-1190.
[34] Véase Wijnendaele (2016) para un análisis detallado de la batalla de Faesulae.
[35] Para la fecha: *Additamentum ad Prosperum havniensia* s.a. 406.

vence a Honorio y al senado para que actúen en ese sentido. Uno de los senadores, Lampadio, pronuncia entonces una frase que se hará célebre: *non est ista pax, sed pactio servitutis* ("esto no es una paz, sino un pacto de servidumbre").[36] Poco después, se verá obligado a refugiarse en una iglesia para proteger su vida; al fin y al cabo, Estilicón seguía teniendo la vara de mando, y era peligroso oponérsele en público. Pero las cosas estaban cambiando. Las negociaciones con Alarico no hicieron sino minar la posición de Estilicón, ya deteriorada por su decisión previa de seguir parasitando el régimen de Honorio mediante un nuevo matrimonio de este con su hija menor, Termancia.

El 1 de mayo de 408 se produce la muerte de Arcadio, augusto de Oriente y hermano de Honorio. La actitud de Estilicón, que se opone a que Honorio se desplace a Constantinopla para oficiar los funerales, levanta sospechas; empiezan a circular rumores sobre las posibles intenciones de Estilicón de situar a su hijo Euquerio como augusto en Oriente. A esto se unen las voces que desde hace un tiempo lo acusan de ser favorable a Alarico en sus pretensiones. La suerte está echada para él. El artífice de su caída es Olimpio,[37] *magister scrinii*, que se encarga de esparcir rumores y de maquinar la caída de Estilicón fomentando una revuelta de las tropas en Ticinum, actual Pavía, en la que son asesinados algunos de sus jefes militares. Estilicón es apresado en Rávena, y ejecutado (22 de agosto). Poco después, su hijo Euquerio correrá la misma suerte después de ser atrapado en Roma, a donde había huido. A esto se unen en los meses siguientes otras medidas adicionales, como la declaración de Estilicón como enemigo público y la confiscación de sus propiedades. Terminaba así, de manera fulminante, su largo periodo de hegemonía sobre el Occidente romano. Tan solo una persona de su entorno había escapado a la ola de violencia: su esposa Serena, que permanecía en Roma observando cómo la amenaza se cernía sobre ella...

Pero esa amenaza iba a tomar una forma inesperada. Alarico, descontento con la muerte de Estilicón y con la negativa de Honorio a aceptar sus exigencias, decide marchar hacia Roma con sus tropas, a las que se

---

[36] Zósimo, *Hist. Nova* V 29.
[37] *PLRE* II: Olympius 2.

han unido gran número de soldados bárbaros cuyas familias habían sido masacradas durante la dura represión que había acabado con Estilicón y su entorno. Alarico avanza sin oposición por tierras de Italia; a principios de invierno de 408, la ciudad de Roma, por primera vez en muchos siglos, es puesta bajo asedio. La primera medida de Alarico es cortar los suministros de alimentos; en el interior de la ciudad la tensión, agudizada por la carestía de víveres, empieza a hacerse insoportable. Es el momento ideal para buscar algún chivo expiatorio, y la candidata ideal no podía ser otra que Serena, la única superviviente de la feroz represión contra Estilicón. Tal como nos cuenta Zósimo, los senadores romanos sospechaban de ella; le imputaban una grave acusación, la de haber atraído a las tropas de Alarico a la ciudad. Poco después la condenaban de manera unánime a la pena de muerte.[38] La decisión final del senado contó con el consentimiento de un personaje que no formaba parte de ese organismo: Gala Placidia, hermana de Honorio. En próximos capítulos ahondaré en su figura. Baste indicar de momento que durante muchos años, después de quedar huérfana de madre y padre (Gala y Teodosio), Gala Placidia había permanecido bajo la tutela de Serena. Cabe suponer que entre ellas se estableció al menos una relación de familiaridad, no sabemos si también de afecto; un afecto que, quizá, se fue deteriorando con el tiempo. Por otra parte, desconocemos el trasfondo que llevó al senado a tomar la decisión drástica de acabar con la vida de Serena, y en qué sentido Gala Placidia participó en las deliberaciones, quizá ejerciendo una hipotética función como representante de la casa imperial en la ciudad de Roma.[39] En el capítulo 5, dedicado a Placidia, abordaré la cuestión con más detalle. Algunos autores explican el juicio y condena a muerte de Serena por la animadversión hacia ella de algunos sectores del Senado, originada en el papel que esta había desempeñado en defensa de Melania, antes de la llegada de los godos.[40] Trataré la cuestión con mayor detalle en el capítulo 4.

---

[38] Zósimo, *Hist. Nova* V 38. Olimpiodoro (fr. 7) añade el detalle de que la ejecución de Serena se produjo por estrangulamiento.

[39] Para más detalles sobre el proceso contra Serena, incluida su datación a finales de 408, véase Demandt - Brummer (1977: 489-501).

[40] Demandt - Brunner (1977); Paschoud (1986: 258-266).

Zósimo añade un epílogo para explicar la muerte de Serena.[41] Nos dice que los senadores tenían la esperanza de que, tras la desaparición de esta, Alarico decidiría levantar el cerco sobre la ciudad, ya que habría desaparecido la única persona que, supuestamente, podía actuar en su beneficio, pero esas esperanzas quedaron en nada. A continuación nos da un dato revelador: según él, las acusaciones contra Serena eran falsas. A partir de ese momento, Zósimo rompe el relato cronológico de los hechos para introducir un episodio que intenta interpretar, en términos religiosos, la caída de Serena. Años atrás, según este relato, Serena había cometido un acto de sacrilegio en el templo de la *Magna Mater*, en Roma, cuando le quitó a la estatua de la diosa el collar que adornaba su cuello para ponérselo en el suyo. Eso provocó las protestas de una vieja vestal, representante de una institución ya casi desaparecida, que pidió a los dioses que castigaran a Serena por haber cometido un acto tan impío; años después, el mismo cuello que había lucido el collar de la diosa se ofrecía, desnudo, al hacha del verdugo. Zósimo remata este episodio novelesco con otro acto sacrílego, esta vez cometido por Estilicón, que también vendría a explicar la caída en desgracia de este. Estamos aquí sin duda ante un relato sumamente ficticio, novelesco, encaminado a dar una explicación religiosa a unos acontecimientos que el autor describe desde su óptica pagana, o directamente anticristiana. Zósimo no era la única voz que asociaba las desgracias de Roma con el abandono de los antiguos ritos y las antiguas divinidades. Las polémicas, que sin duda existieron en aquellos tiempos, llevaron a una reacción en masa por parte de los autores cristianos, como veremos en próximos capítulos.

Lo que nos queda, más allá del testimonio escrito de estos autores y el rastro de las polémicas que se suscitaron en aquellos tiempos, es la trayectoria vital de una persona, Serena, que durante años compartió las más altas esferas del poder, para luego caer de manera estrepitosa. ¿Cómo vivió la muerte sucesiva de su esposo, Estilicón, y la del hijo de ambos, Euquerio? ¿Cómo era su estado de ánimo en un momento en el que, además, tenía motivos de sobra para temer por su propia vida? ¿Estaba sola en tales circunstancias, o contaba al menos con la compañía de su

---

[41] Zósimo, *Hist. Nova* V 38.1-5.

hija menor, Termancia? Según nos cuenta Zósimo, Termancia había sido repudiada por su esposo, Honorio, después de que este ordenara la muerte de Estilicón y la captura de Euquerio, que también sería ejecutado.[42] Apartada de la casa imperial, la joven fue enviada junto a su madre, lo cual indica que, con bastante probabilidad, le tocó vivir de cerca el último episodio de la tragedia familiar. Pero sabemos que sobrevivió a la espiral de violencia. El *Chronicon Paschale* recoge el dato de su muerte en el año 415, un lustro después de los acontecimientos que se narran en este libro. ¿Cómo fue la vida de Termancia durante todo este tiempo? ¿Siguió residiendo en la ciudad de Roma, donde tenía que cruzarse cada día con los senadores y magistrados que habían condenado a muerte a su madre? ¿Se marchó a algún otro lugar? Incógnitas que se suman a las anteriores, sobre unas mujeres cuyas vidas quedaron marcadas por las decisiones que otras personas tomaron en su nombre, empezando por la propia Serena cuando fue casada con Estilicón, o en el caso de María y Termancia con el papel jugado por su propia madre en la decisión de unirlas en matrimonio, sucesivamente, al mismo hombre. Difícil encontrar su voz personal en medio del torbellino de acontecimientos en que vivieron, mucho menos en los testimonio escritos que nos hablan de ellas, generalmente escasos y parcos en detalles. Es precisamente en la búsqueda de matices, de panoramas inesperados, donde radica la fuerza motriz que me ha llevado a escribir este libro.

---

[42] Zósimo, *Hist. Nova* V 35.3.

2. ANICIA FALTONIA PROBA

Agosto de 410: la población romana, sometida por tercera vez en menos de tres años al asedio de los godos, está al borde de la extenuación. En medio de la adversidad alguien, de noche, decide abrir las puertas al enemigo; ese alguien, para más señas, es una mujer. Así es como lo cuenta Procopio de Cesarea:

> "(…) algunos afirman que (…) Proba, una mujer que gozaba de una posición particularmente destacada por su fortuna y renombre entre la clase senatorial romana, sintió compasión de los romanos, que estaban pereciendo de hambre y de toda suerte de padecimientos, pues incluso habían llegado a comerse a sus propios congéneres; al observar además que no les quedaba ninguna esperanza de salvar la situación, pues tanto el río como el puerto estaban ocupados por los enemigos, ordenó a sus esclavos abrir las puertas por la noche".[43]

Un detalle importante es que el episodio se presenta como un rumor, como algo que "algunos afirman", y no como una verdad histórica. De hecho, el autor ofrece otra versión de los acontecimientos, quizá menos creíble, según la cual Alarico, tras anunciar a los romanos que levantaba el cerco y que se disponía a alejarse de la ciudad, les había regalado unos esclavos, en apariencia como premio a su gran valor, pero en realidad

---

[43] Procopio, *Guerra vándala* I 2.27. Trad. de Flores Rubio (2000: 58). La fecha de la entrada de los godos en Roma es el 24-8-410: Próspero de Aquitania, *Crónica*, s.a. 410; Teófanes el Confesor, *Crónica* AM 5903. Los *Excerpta Sangalliensa* (s.a. 410) ofrecen otra fecha, el 14 de agosto.

como parte de una estratagema que recuerda en cierto modo la del caballo de Troya. En la fecha convenida, los supuestos esclavos (en realidad soldados godos), aprovechando que sus dueños dormían después de la comida, se dirigieron a la puerta Salaria, en el tramo norte de la muralla aureliana, y una vez allí dieron muerte a los soldados que la protegían, para después abrir las puertas y dar paso libre a las tropas de Alarico, que se habían situado en esa zona de manera subrepticia.[44] Es probable que Procopio, que escribió aproximadamente siglo y medio después de los hechos que narra, se basara en tradiciones populares que habían llegado a sus oídos por medios que desconocemos. Intentar establecer la veracidad de esos relatos es una tarea prácticamente imposible, ya que no existen otras fuentes antiguas con las que compararlos. Lo que sí sabemos es que la protagonista de uno de ellos, Proba, es un personaje histórico. A ella va dedicado este capítulo.

Anicia Faltonia Proba, tal como resalta Procopio, era una mujer que pertenecía a las altas esferas de la sociedad romana de su época. En su familia abundaban las más altas distinciones, incluyendo el consulado, y los personajes con largos nombres en los que se reflejan algunos de los linajes más prestigiosos de la época. Era hija de Quinto Clodio Hermogeniano Olibrio (cónsul en 379) y Tirrania Anicia Juliana. Estuvo casada con Sexto Claudio Petronio Probo (cónsul en 371), con quien tuvo cuatro hijos y una hija. Tres de ellos fueron cónsules: Anicio Hermogeniano Olibrio (395), Anicio Probino (395, junto a su hermano) y Anicio Petronio Probo (406). El cuarto hermano, cuyo nombre desconocemos, aparece mencionado en varias cartas de Jerónimo como marido de una mujer llamada Furia;[45] sabemos que este hijo anónimo de Proba murió antes de 395. En cuanto a la hija de Proba, se conoce poco más que su nombre (Anicia Proba), que aparece en una inscripción junto al de su hermano Anicio Probo.[46]

Habría que destacar también que Proba -llamémosla así para abreviar- era nieta por parte de padre de Faltonia Betitia Proba, conocida entre otras cosas por sus composiciones literarias, en especial un centón de

---

[44] Procopio, *Guerra vándala* I 2.14-26.
[45] Jerónimo, *Ep.* 54.4.; *Ep.* 123.17.
[46] *CIL* XIV 4120. *PLRE* I: Proba 1.

contenido religioso en el que combinó versos de varias obras de Virgilio para reconstruir, a modo de collage, algunos episodios del Antiguo Testamento y de la vida de Jesús.[47] La presencia de Faltonia Betitia Proba en el árbol genealógico de Proba es importante por dos razones principales: en primer lugar, pone de manifiesto el alto nivel cultural o literario que podían alcanzar las mujeres que, como ellas, pertenecían a la aristocracia romana; por otro lado, indica que la familia de Proba contaba con una larga tradición cristiana, algo muy relevante si tenemos en cuenta que durante la segunda mitad del siglo V no se había completado aún el proceso de conversión al cristianismo de las clases dirigentes romanas.

Se desconoce el lugar o el año de nacimiento de Proba, pero todo parece indicar que nació en Roma, la ciudad en la que pasaría gran parte de su vida. Las informaciones que tenemos sobre ella hasta el año 410 (el año que lo cambió todo, para ella y para otros muchos romanos) tienen que ver sobre todo con el lugar que ocupaba en su familia, es decir, en relación con su marido y sus hijos. Como hemos mencionado anteriormente, Proba estuvo casada con Petronio Probo, un personaje que alcanzó los más altos honores.[48] Las fuentes antiguas nos dicen que el año 387, a raíz de la invasión de Italia por parte del usurpador Magno Máximo, Petronio Probo huyó a Tesalónica junto al joven emperador Valentiniano II y la madre de este, Justina.[49] Fue precisamente en esa ciudad donde Petronio Probo falleció, probablemente en 388. Las fuentes no mencionan a Proba en relación a estos sucesos, pero cabe imaginar que acompañó a su marido en su huida, y que con ellos viajarían también sus hijos. También es probable que Proba estuviera junto a su marido en algunos de los destinos que ocupó a lo largo de su carrera, por ejemplo el de prefecto del pretorio

---

[47] En tiempos recientes se ha llegado a proponer que la autora del centón no sería Faltonia Betitia Proba sino más bien su nieta Anicia Faltonia Proba. La teoría fue planteada por Danuta Shanzer en los años ochenta y noventa, y respaldada posteriormente por Timothy Barnes, pero hoy en día se sigue prefiriendo la hipótesis tradicional, que se basa entre otras cosas en el testimonio de Isidoro de Sevilla en su obra *De viribus illustribus* (XVIII 22): "Proba uxor Adelphi proconsulis femina inter viros ecclesiasticos idcirco posita sola pro eo quod in laude Christi versata est, componens centonem de Christo virgilianis coaptatum versiculis". Esa es la línea seguida, entre otros autores, por S. Cullhed (2015: 20-23).

[48] *PLRE* I: Probus 5.

[49] Sócrates Esc., *Hist. Ecl.* V 11; Sozómeno, *Hist. Ecl.* VII 13.

en el Ilírico y en las Galias. El problema es que las fuentes antiguas, como suele ocurrir con las mujeres de la época, no mencionan estos detalles.

Podemos imaginar que el año 388, con la huida de Roma y la muerte de su marido, debió ser un momento crítico para Proba y sus hijos; no sabemos nada de ellos hasta unos años más tarde, cuando asistimos a lo que podríamos llamar un resurgimiento de la familia. Olibrio y Probino, hijos de Proba, son elegidos cónsules para el año 395, un raro honor teniendo en cuenta su juventud. El día uno de enero, como es tradición en la inauguración del nuevo año, se pronuncia un discurso en honor de los nuevos cónsules. El encargado de componer el discurso panegírico, en esta ocasión en verso, fue un poeta del que ya hemos hablado anteriormente: Claudiano. Es probable que entre el público que escuchó el poema de alabanza a Olibrio y Probino estuviera Estilicón, la persona que se convertiría en el hombre fuerte del Occidente romano tras la muerte de Teodosio, acaecida en Milán unos días después. En esos momentos, Claudiano era un poeta poco conocido, lejos aún del gran renombre que alcanzaría en tiempos posteriores al servicio de Estilicón, como cantor oficial de sus hazañas y máximo exponente de su propaganda oficial. En su poema en honor a los nuevos cónsules, Claudiano se centra sobre todo en la figura de Petronio Probo, padre de ambos, y también en Teodosio, el emperador que gobernaba sobre el orbe romano, tanto en Oriente como en Occidente. Olibrio y Probino son aún muy jóvenes, de ahí que las principales alabanzas se las lleven personas de la generación que los precede. En ese contexto, el poeta dedica también unos versos a Proba, madre de los cónsules, a la que imagina tejiendo las trábeas y demás prendas que lucirán sus hijos en su año consular, una escena que es en sí misma un ejemplo de lo que, según los esquemas sociales de la época, se esperaba de una matrona romana. Como conclusión de este pasaje, el poeta nos dice que Proba destaca sobre las demás mujeres tanto como su marido destacaba entre los demás hombres, "como si ambos sexos, disputando entre sí sobre qué podía cada uno de ellos, hubieran decidido elegir este matrimonio".[50] Este es, en resumen, el homenaje lleno de tópicos que el

---

[50] Claudiano, *Prob. et Olybr. Cons.* 199-202: (...) *nam tantum coetibus extat / femineis, quantum supereminet ille maritos. / ceu sibi certantes, sexus quis possit uterque, / hunc legere torum* (...). Trad. al español: Castillo Bejarano (1993, vol. I: 132).

poeta dedica a Proba; no será el único que esta recibiría a lo largo del prometedor año de 395, que acababa de empezar.

Durante su consulado, Olibrio y Probino dedicaron una serie de estatuas a su padre y a su madre.[51] Las estatuas no se conservan, pero sí algunas de las bases con las correspondientes inscripciones honoríficas. En algunos casos los epígrafes han desaparecido, pero por suerte su texto se copió a tiempo (cuánto hay que agradecer a los eruditos del Renacimiento y de épocas posteriores por su tarea de salvaguarda del legado romano). Aquí tenemos el texto de una de las inscripciones dedicadas a Proba por dos de sus hijos:[52]

Consimiles fratrum trabeis gestamina honorum / tertia quae derant addidimus titulis / dilectae Probus haec persolvo munera matri / restituens statuis praemia quae dederat // Aniciae Faltoniae / Probae Amnios Pincios / Aniciosque decoranti / consulis uxori / consulis filiae / consulum matri / Anicius Probinus v c / consul ordinarius / et Anicius Probus v c / quaestor candidatus / filii devincti / maternis meritis / dedicarunt.

La inscripción puede datarse en el año 395 por el hecho de que uno de los dedicantes, Anicio Probino, era cónsul de ese año. El otro dedicante, Anicio Petronio Probo, ocupaba el cargo de cuestor; siguiendo la tradición familiar, alcanzaría el consulado unos años después, en 406. Según dice el epígrafe en su parte inicial, los hijos de Proba quieren devolverle con estas estatuas todo lo que han recibido de ella a lo largo de sus vidas: *restituens statuis praemia quae dederat.* Entre los términos elogiosos que le dedican, destaca el siguiente: 'esposa de cónsul, hija de cónsul, madre de cónsules' (*consulis uxori, / consulis filiae, / consulum matri*), tarjeta de presentación impecable para Anicia Faltonia Proba. Desde una perspectiva moderna, podríamos pensar que lo único que falta para completar el cuadro es que la propia Proba hubiera sido elegida cónsul, pero eso era impensable para

---

51 *CIL* VI 1752-1756.
52 *CIL* VI 1754, *LSA* 1461.

la mentalidad y la legislación de la época, que cerraba a las mujeres el acceso a cualquier magistratura o cargo público.

Las otras inscripciones dedicadas a ella redundan en parecidos términos, por ejemplo la que le dedicaron su hijo Olibrio, cónsul en 395, y la esposa de este, Anicia Juliana.[53] En ella, Proba es alabada por su antigua nobleza, por ser el orgullo de la familia de los Anicios y por ser descendiente de cónsules y madre de cónsules: (...) *Aniciae Faltoniae / Probae, fidei nobilita/tis antiquae, orna/mento Anicianae /familiae, servandae ac / docendae castitatis / exemplo, consulum / proli, consulum ma/tri.*[54]

No se sabe con exactitud el lugar en el que fueron erigidas las estatuas de Petronio Probo y Proba, con sus pedestales e inscripciones honoríficas. La primera noticia que se tiene de ellas las sitúa en la colección del cardenal Cesi, cerca de San Pedro del Vaticano. Una hipótesis bastante extendida es que las estatuas formaban parte del Mausoleo de los Probi, que la historiografía moderna, basándose en testimonios del siglo XV, sitúa como un edificio anexo al ábside principal de la antigua basílica constantiniana, que empezaba a ser demolida por aquellos años. La principal fuente de información es Maffeo Vegio (1407–1458), que encontró en el lugar varias tumbas de personajes aristocráticos de época romana, y una inscripción en verso, hoy perdida, que hablaba de Petronio Probo y Proba.[55] Todo eso lo llevó a definir el lugar como *Templum Probi*, aunque hoy en día se lo suele conocer como el Mausoleo de los Probi.[56] Se trataba sin duda de una construcción muy prominente, ubicada en un lugar tan señalado como era la basílica de San Pedro del Vaticano; la zona había albergado una necrópolis desde tiempos precristianos, pero que con la llegada del cristianismo, y con la creencia de que era allí donde descansaban los restos del apóstol Pedro, se convirtió en un lugar preferente para la aristocracia romana cristiana, como vemos en el caso de los Probi.

---

[53]   *CIL* VI 1755, *LSA* 1462.
[54]   Sobre los Anicios, véase Cameron (2012), donde se analiza con detalle el alcance real del término y cómo este, en ocasiones, ha sido malinterpretado por algunos historiadores modernos.
[55]   *CIL* VI 1756a; *CIL* VI 1756b.
[56]   Paolucci (2008: 245-248); Machado (2011: 510-513).

Fue también en los aledaños de la basílica de San Pedro donde Honorio decidió construir el mausoleo de la familia imperial.[57]

En las tareas de demolición de la basílica constantiniana y los edificios anexos, se encontró también un sarcófago que tradicionalmente se ha identificado como el de Petronio Probo y su esposa Proba, aunque en este caso no hay un texto inscrito que permita una confirmación plena. Se lo conoce como 'Sarcófago Borghese', y hoy en día está dividido entre varios museos.[58]

Como vemos, a partir del año 395 la familia de Proba entró en una fase de apogeo que se extendió durante el siguiente decenio. En 406, su hijo Anicio Probo se unía a la larga lista de cónsules de los Probi, continuando así la tradición familiar. Pero eran ya otros tiempos. Como hemos visto en el capítulo anterior, la ciudad de Roma había reforzado sus defensas ante el evidente peligro que suponían los ejércitos bárbaros que habían hecho incursiones en territorio italiano, en especial el de Alarico. El año de Anicio como cónsul trajo al menos una buena noticia para los romanos, la derrota del godo Radagaiso en Faesulae, pero concluyó con el peor colofón que Anicio hubiera podido imaginar para su consulado. A finales de diciembre, importantes contingentes de suevos, vándalos y alanos cruzaban la frontera del Rin; el año siguiente, para acabar de empeorar las cosas, Alarico tomaba posiciones en el Nórico, con la vista puesta de nuevo en Italia y sus ciudades. Las amenazas no tardarían mucho en materializarse; a partir de ese momento, nada iba a ser igual para Proba, su familia o la población de Roma en su conjunto.

Llegamos al año 408, y con él los acontecimientos que culminaron con el saqueo de Roma un par de años después. ¿Fue Proba realmente la que, por compasión ante el sufrimiento de sus conciudadanos, abrió las puertas de la ciudad a los godos? Incluso si consideramos que se trata de un relato ficticio, podríamos preguntarnos cómo se originó y por qué fue incluida Proba en él. Detrás de todo esto puede existir un contexto histórico que se nos escapa, dentro de las múltiples disputas que se originaron

---

[57] Véase Cap. 1.
[58] Véase Huskinson (2011: 64-72) para un estudio pormenorizado.

entre las clases dirigentes de la Roma sitiada, por ejemplo en el momento de la elección de Prisco Átalo como augusto en 409 con la connivencia, y probablemente por iniciativa, de Alarico, que buscaba un cambio de estrategia para lograr sus objetivos. Tal como sugiere Zósimo, los *Anicii*, donde podríamos englobar a Proba, se mostraron reacios a esa elección.[59] Pero quizá el relato se originó a raíz de un acontecimiento posterior, que sin duda debió causar gran conmoción en Roma dada la prominencia de Proba: su decisión de irse de la ciudad en compañía de su nuera, Anicia Juliana, y su nieta, Demetríade, con destino a África, una acción que seguramente levantó suspicacias y críticas entre sus conciudadanos.

A partir de ese momento, lo que sabemos de Proba y las mujeres que la acompañaron en su viaje procede de los diferentes autores cristianos con los que establecieron una relación epistolar. Se conservan cartas de Jerónimo, Juan Crisóstomo y Agustín dirigidas a Proba o a alguna de sus acompañantes, que nos dan información histórica relevante acerca de ellas, aunque en general son textos en los que se tratan sobre todo cuestiones de doctrina cristiana.[60] El viaje de Proba y sus familiares adquirió desde bien pronto una dimensión religiosa, que llegó a su culmen en 414 con la consagración de la joven Demetríade como *virgo*.

¿Cuál era la situación de esas mujeres en 410, cuando decidieron alejarse de tierras italianas? Previamente se había producido la muerte de Anicio Olibrio, hijo de Proba y marido de Anicia Juliana. El detalle es importante, ya que las dos mujeres adultas que emprendieron el viaje lo hicieron como viudas, una situación personal que tenía un encaje particular dentro de los principios de la iglesia de aquellos tiempos, que les prestaba especial atención. Las viudas que entraban en un tipo de vida consagrada a la religión encontraban una forma de vida alejada de los esquemas tradicionales, que se podía traducir, de cara a una sociedad crecientemente cristianizada, en una manera aceptable de ejercer una mayor autonomía en la toma de decisiones, siempre que estas entraran

---

[59] Zósimo, *Hist. Nova* VI 7.4.
[60] Véase Laurence (2002) para un estudio completo de las fuentes epistolares. A los autores ya mencionados habría que añadir a Rufino de Aquilea, que según Genadio (*De Sriptoribus Ecclesiasticis* 17), envió varias cartas a Proba, que por desgracia no se conservan.

dentro del patrón de comportamiento cristiano, que implicaba también importantes renuncias. En el caso de Proba, por ejemplo, esa nueva perspectiva se materializó en la posibilidad de destinar parte del enorme patrimonio que había heredado a donaciones y obras piadosas.

Entre todas las cartas mencionadas anteriormente, la que más detalles aporta sobre las vivencias de Proba durante estos años es la que Jerónimo escribió a la joven Demetríade en 414 para instruirla en el correcto camino como *virgo* dedicada a Cristo.[61] Nos dice que la decisión tomada por Demetríade fue motivo de celebración en su casa, donde otras vírgenes saltaban de alegría ante la noticia, un detalle que, junto a otros procedentes de las fuentes epistolares, podría sugerir que Proba y Juliana habían instituido a su alrededor algún tipo de comunidad religiosa. Dentro de su entusiasmo, Jerónimo nos dice que, gracias a la decisión de Demetríade, Italia había dejado atrás sus lamentaciones, y que las maltrechas murallas de la ciudad recuperaban su antiguo esplendor, como si la opresión de los godos hubieran sido extinguida.[62] A continuación, nos habla de la esplendorosa familia de Proba y de cómo esta, en circunstancias tan difíciles, había empezado a vender parte del patrimonio, algo que le valió algunas críticas, en su opinión injustificadas.

Pero en su carta, Jerónimo se retrotrae también al año 410, para rememorar el penoso viaje de las tres mujeres a tierras africanas, subidas a un frágil barco desde el que podían ver, ya en el mar, el humo de la ciudad de Roma saqueada por los godos.[63] Si la experiencia de Proba, Juliana y Demetríade había sido terrible en Roma, donde según Jerónimo algunas vírgenes les habían sido arrebatadas por los godos, lo que les esperaba en África iba a ser aún peor. Añadamos a ese lúgubre panorama el fallecimiento, por esas fechas, de uno de los hijos de Proba, al que no se menciona por nombre[64] (podría tratarse de Anicio Probino o de Anicio Petronio

---

[61] Jerónimo, *Ep*. 130.

[62] Jerónimo, *Ep*. 130.6: (...) *tunc lugubres uestes Italia mutauit, et semiruta urbis Romae moenia pristinum ex parte recepere fulgorem, propitium sibi aestimantes deum, in alumnae conuersione perfecta. putares extinctam Gothorum manum* (...)

[63] Jerónimo, *Ep*. 130.7: (...) *quae de medio mari fumantem uiderat patriam, et fragili cumbae salutem suam suorumque commiserat* (...)

[64] Jerónimo, *Ep*. 130.7.

Probo). Una vez en África, Proba y sus acompañantes se encontraron con Heracliano, que en aquellos tiempos era *comes Africae*, un cargo que obtuvo en 408 después de cumplir con un oscuro cometido: matar con sus propias manos a Estilicón.[65] Con estos precedentes, y con la perspectiva posterior de la fallida campaña militar que Heracliano lanzó contra Italia en 413 y de su posterior asesinato en Cartago, no es de extrañar que Jerónimo ofreciera un retrato muy desfavorable de Heracliano en su carta, escrita con posterioridad a estos hechos. En ella se describe con detalle la personalidad del *comes Africae* y el trato degradante infligido por él y sus hombres a las mujeres que llegaron a África junto a Proba, especialmente las más jóvenes, que eran vendidas como esposas a los mercaderes de Siria; ante tal situación, Proba se vio obligada a pagar una suma de dinero con el fin de protegerlas, o rescatarlas. Quizá el comportamiento despótico de Heracliano pueda entenderse en el contexto de sucesos recientes, cuando determinados sectores de la clase senatorial romana habían apoyado la elección de Prisco Átalo como augusto, avalada y probablemente orquestada por Alarico. La prioridad de este, compartida por Átalo, era lanzar un ataque militar contra África para asegurarse el suministro de grano, fundamental para su supervivencia en tierras italianas, pero atacar la provincia de África era atacar a Heracliano, que seguía siendo (de momento) aliado de Honorio; una primera campaña, orquestada por Átalo sin el permiso de Alarico, acabó en fracaso. Es posible que estas circunstancias influyeran en el comportamiento negativo de Heracliano hacia los refugiados que llegaban de Roma, entre ellos Proba, Anicia Juliana y Demetríade. A pesar de que los *Anicii* no habían sido partidarios de elegir a Prisco Átalo como augusto, da la impresión de que Heracliano trató a los emigrados de Roma sin distinciones de ningún tipo;[66] en el caso de Proba, utilizando la extorsión.

También Agustín de Hipona hizo referencia a Proba en sus cartas, en términos elogiosos. En uno de sus escritos, conocido como *De bono viduitatis*, en realidad una carta dirigida a Anicia Juliana para instruirla en su vida como viuda entregada al cristianismo, Agustín describe a Proba en los siguientes términos: (...) *in qua pulchritudine etiam illius avia, socrus tua, quae*

---

[65]   *PLRE* II: Heraclianus 3.
[66]   Dunn (2009: 59).

iam certe senuit, est pulchra vobiscum (…).[67] Destaca sobre todo la nobleza de carácter (*in qua pulchritudine*) de Proba, a la que describe como una persona que había alcanzado la vejez (*quam iam certe senuit*), un detalle muy significativo. No hay manera de saber cuál era su edad cuando tuvo que enfrentarse a todas las vicisitudes que hemos comentado anteriormente, pero el comentario de Agustín nos puede dar una idea del enorme esfuerzo que todo ello debió suponer para ella. También nos sirve para recordar que, si fue ella quien abrió las puertas de la ciudad a los godos, lo hizo como una persona madura, que ya sabía lo que era sufrir los avatares de la vida y que optó por la única solución que, en términos prácticos, era viable en aquellas circunstancias. Un sentido práctico que, más allá de hipótesis basadas en rumores, sí que aplicó en el momento de tomar la decisión más crítica: la de subirse al barco que la alejaría de Roma.

Como hemos visto, la consagración de Demetríade en 414 provocó un intenso intercambio epistolar que nos permite asomarnos a la vida de Proba y sus familiares en aquel periodo. Sin embargo, en años sucesivos las noticias que tenemos sobre ellas se reducen al mínimo. En cuanto a Anicia Juliana, nuera de Proba, desconocemos qué fue de su vida en los años posteriores, o cuándo y en qué lugar se produjo su muerte; lo mismo podríamos decir de la propia Proba. El papa Celestino I, en una carta del año 332, se refiere a ella como *illustris et sanctae recordationis* ("de memoria ilustre y santa"), lo cual indica que en esas fechas ya había fallecido.[68] La carta, además, aporta interesantes datos sobre ella; nos habla de sus posesiones en Asia, y de cómo destinó a la iglesia gran parte de las ganancias que se derivaban de ellas. Eso nos da una idea del extenso patrimonio que gestionaba Proba, que incluía posesiones en diferentes lugares del Imperio romano, incluso en su parte oriental.

Si intento imaginar los últimos años de la vida de Proba, me surge una duda trascendental: ¿volvió a Roma antes de morir? ¿O por el contrario permaneció el resto de sus días en tierras de África? La existencia del sarcófago Borghese, que presenta indicios claros de haber sido el de Proba y su esposo, podría indicar al menos que los restos mortales de

---

[67]   Agustín, *De bono Vid.* 24.
[68]   Celestino I, *Ep.* XXIII 6; véase Dunn (2009).

Proba descansaron en la ciudad que la vio nacer. Sí que tenemos más información acerca de su nieta, Demetríade, que volvió a Roma en un año indeterminado, y una vez allí mandó construir en una de las propiedades de la familia una iglesia dedicada a San Esteban Protomártir.[69] Según el *Liber Pontificalis*, la construcción del edificio fue llevada a cabo en tiempos del papa León I (440-461). Hasta esos años llega el rastro, más o menos difuso, de las tres mujeres que en agosto de 410, después del saqueo de Roma a manos de los godos, pusieron rumbo hacia otras tierras. En sí mismo, el saqueo tuvo una repercusión limitada sobre la ciudad. Según una fuente antigua, duró solo tres días,[70] y a pesar de que algunos autores antiguos hablan de un considerable grado de destrucción, lo cierto es que todos los indicios apuntan a que solo algunas partes concretas de la ciudad sufrieron daños destacables.[71] Pero otra cosa es el daño psicológico causado por tantos años de continua amenaza sobre la ciudad, materializada en el periodo 408-410 en la figura de los godos y su líder Alarico, que finalmente, tras una larga serie de fracasos en las negociaciones, se vio forzado a tomar una decisión que distaba mucho de sus intenciones iniciales. En palabras de M. Kulikowski: "(...) for Alaric the sack of Rome was an admission of defeat, a catastrophic failure".[72] También fue un periodo de crisis y en última instancia una derrota para la población romana; algunos de sus habitantes, como vemos en el caso de Proba y como veremos en otros ejemplos a lo largo del libro, decidieron abandonar la ciudad. Resulta difícil imaginar las circunstancias individuales que llevaron a cada una de esas personas a tomar una determinación tan importante. Proba era una mujer que, en esos momentos, contaba con una larga experiencia vital a sus espaldas, siempre en el lugar más alto de la escala social, pero

---

[69] Kurdock (2007: 223-224); Machado (2011: 500-505)

[70] Orosio, *Hist. ad. Pag.* II 19.12, VII 38.15. Marcelino *comes*, una fuente muy posterior a Orosio, cifra la duración del saqueo en seis días (*Crónica*, s.a. 410); véase Mathisen (2013: 93). Es llamativo que, por regla general, los historiadores modernos acepten como verdad histórica que el saqueo duró tres días, cuando se trata de un dato que procede de un único autor antiguo, Orosio, conocido por su decisión consciente de minimizar los efectos del saqueo sobre la ciudad de Roma.

[71] Las fuentes antiguas señalan los siguientes incidentes: los *Horti Sallustiani*, incendiados (Procopio, *Guerra vándala* III 2.24); saqueo del Foro de la Paz (deducción indirecta basada en Procopio, *Guerra gótica* I 12); la casa de Melania y Piniano, incendiada (véase Cap. 4); incendio en la "basílica de Julio', en el Trastévere (*Liber Pontificalis* 45.1); robo del *fastigium* de plata de la Basílica Lateranense (*Liber Pontificalis* 45.4); saqueo de la casa de Marcela (véase Cap. 6).

[72] Kulikowski (2007: 177). Trad. del autor: "(...) para Alarico el saqueo de Roma fue una admisión de su derrota, un fracaso catastrófico".

las circunstancias la abocaron a un incierto viaje que finalmente, a pesar de las dificultades, llegó a buen puerto, o al menos a algún lugar en el que poder vivir el resto de su vida en paz, rodeada de sus familiares, quizá con momentos de nostalgia en los que afloraba el recuerdo, cada vez más difuso, de los viejos tiempos en Roma. La pregunta de si fue ella la que ordenó abrir las puertas de la ciudad para que entrasen los godos sigue sin respuesta, como tantas otras incógnitas alrededor de su vida. Sirvan estas páginas, al menos, para intentar reconstruirla.

3. LAETA

Todo lo que sabemos sobre Laeta, segunda esposa del emperador Gracia-no, se basa en las pocas líneas que le dedicó Zósimo en su *Historia Nova*.[73] La ciudad de Roma continuaba bajo el asedio de Alarico, que se había asegurado de rodear su perímetro amurallado y bloquear el río Tíber, arteria fundamental para el suministro de alimentos. En el interior de la ciudad empezaban a sentirse con fuerza los efectos del hambre, a la que se unía también la peste. En ese ambiente desolador aparece en escena nuestra protagonista, acompañada de su madre, Tisamene. Veamos el pasaje completo:

> "Laeta, la esposa del que fue emperador Graciano, y Tisamene, su madre, socorrieron a gran cantidad de gente al compartir con ellos los artículos indispensables. En efecto, como el Estado las proveía con suministros de la mesa imperial, prerrogativa que disfrutaban por decisión de Teodosio, no pocos encontraban fuera de su casa alivio al hambre gracias a la humanidad de estas mujeres".[74]

El texto, breve y conciso, se inserta justo después de la referencia a la muerte de Serena,[75] lo cual nos sitúa probablemente a finales del año 408, durante el primer asedio de los godos a Roma. Pero la aparición de Laeta en el relato es fugaz. No sabemos qué fue de ella más allá de ese momento,

---

[73] Zósimo, *Hist. Nova* V 39.
[74] Zósimo, *Hist. Nova* V 39. Trad. de Candau Morón (1992: 542), Ed. Gredos.
[75] Véase Cap. 1.

y no existe ninguna otra referencia sobre ella en ninguna otra fuente antigua. Así pues, no queda otra opción que analizar con detalle los escasos datos que aporta Zósimo, en especial el contexto en que se insertan.

Nos encontramos primero con la referencia al que fue su marido, el emperador Graciano. Graciano era hijo de Valentiniano I y fue augusto de Occidente entre los años 367 y 383. Sabemos que estuvo casado con una hija póstuma de Constancio II (*imp.* 337-361), de nombre Constancia.[76] La boda se celebró en torno al año 374 en la ciudad de Augusta Treverorum (actual Tréveris, en Alemania), donde se situaba entonces la residencia imperial de Occidente. Recordemos que a lo largo del siglo IV, confirmando una tendencia que había empezado en el III, la ciudad de Roma había dejado de ser el lugar de residencia de los emperadores, que preferían ciudades más cercanas a las zonas de conflicto en las que se jugaba el futuro del Imperio. Pese a todo, Roma seguía siendo la ciudad más importante y populosa del Occidente romano, además de ser el referente indiscutible para todos los habitantes del Imperio. En Oriente había surgido Constantinopla, que acabaría rivalizando en importancia con la propia Roma; de esa ciudad partió Constancia para casarse con Graciano. El trayecto no fue nada sencillo. A su paso por Panonia estuvo a punto de ser atrapada por los cuados, en aquellos tiempos enfrentados a Roma. Solo la rápida intervención de Mesala, gobernador de Panonia Secunda, impidió lo que hubiera sido un enorme golpe de efecto para los bárbaros. Constancia era hija de Constancio II y nieta de Constantino I. Por sus venas corría sangre imperial de primer orden, algo que la convertía en objetivo prioritario para quien quisiera legitimar su posición, ya fuera un usurpador, como Procopio, que en 461, cuando Constancia era una niña de corta edad, no dudó en pasearla en brazos por Constantinopla para alardear de parentesco con la casa imperial, o un augusto legítimo perteneciente a otra dinastía, como era el caso de Graciano.[77] Pero finalmente Constancia alcanzó la ciudad de Tréveris para casarse con Graciano y

---

[76] Amiano Marcelino, *Historia* XXI 15.6; *Consularia Constantinopolitana*, s.a. 383. Constancia era hija de Constancio II y la tercera esposa de este, Faustina, con la que se había casado en 361. Constancio II murió en noviembre de ese mismo año; por tanto, el nacimiento de su hija puede situarse en 361 o 362.

[77] Sobre el incidente de Constancia en Panonia: Amiano Marcelino, *Historia* XXIX 6. Sobre Procopio y Constancia: Amiano Marcelino, *Historia* XXVI 9.

confirmar así una unión muy conveniente para la casa reinante en aquellos momentos, la de los valentinianos, que contaba con Graciano en Occidente y su tío Valente en la parte oriental. El matrimonio duró unos diez años, hasta principios de 383, cuando se produjo la muerte de Constancia. No conocemos la fecha exacta o las circunstancias de su defunción, algo por otro lado habitual cuando se trata de las mujeres de esta época, pero sí que sabemos que sus restos mortales llegaron a Constantinopla el 31 de agosto de ese mismo año para ser enterrados en el mausoleo de la familia constantiniana, erigido por su abuelo, de ahí que su fallecimiento pueda situarse aproximadamente a principios de año.[78] El matrimonio no produjo descendencia, así que es de imaginar que la tarea de buscar una nueva esposa para Graciano debió convertirse en prioritaria. Es ahí donde entra Laeta. La boda tuvo lugar en algún momento de 383; en cualquier caso antes del 25 de agosto de ese año, cuando Graciano moría asesinado en Lugdunum (actual Lyon) por orden del usurpador Magno Máximo.[79] Un matrimonio brevísimo, del que tampoco hubo descendencia, ni siquiera póstuma. Quizá sea esa brevedad, precisamente, la que explique la ausencia de noticias sobre Laeta.

A continuación, Zósimo menciona a Tisamene, madre de Laeta, de la que no sabemos nada más que su nombre, y el hecho de que se hallaba en Roma, donde compartía con su hija la tarea de proporcionar sustento a la población local. Su nombre, de apariencia griega, no aporta ninguna pista sobre su familia o sobre su lugar de procedencia. Lo mismo podríamos decir de 'Laeta', nombre latino. Por otro lado, desconocemos por qué ambas mujeres se hallaban en Roma en esa época. Como veíamos anteriormente, el matrimonio de Laeta con Graciano la situaría en Tréveris en el año 383. Se da la circunstancia de que Graciano, igual que su padre Valentiniano I, está entre los emperadores romanos que nunca pisaron Roma, lo cual indica hasta qué punto su existencia estaba disociada de la ciudad eterna.[80] Pero en el caso de Laeta y Tisamene, desconocemos cuál era su vínculo con una ciudad u otra. ¿Cómo podemos explicar su presencia en Roma, años después de la muerte de Graciano? ¿Tenían allí

---

[78] *Chron. Pasch.* s.a. 383; *Cons. Const.* s.a. 383.
[79] Zósimo, *Hist. Nova* IV 35; Sócrates Esc., *Hist. Ecl.* V 11; *Epit. de Caes.* 47.7.
[80] Icks (2020: 5-7).

sus raíces familiares? Un dato importante es que, como consecuencia de la irrupción de francos, suevos y alanos en territorio romano a finales del año 406, la ciudad de Tréveris entró en una etapa de evidente inseguridad, que se materializaría en una serie de ataques y destrucciones por parte de los bárbaros en la primera mitad del siglo V.[81] Una posibilidad es que Laeta y Tisamene, en un contexto tan inestable, decidieran trasladarse a Roma, un lugar que ofrecía, al menos de momento, mayores garantías de seguridad. El texto de Zósimo menciona que ambas mujeres obtenían suministros a cuenta del estado por una decisión que se remontaba a los tiempos de Teodosio I. El detalle es importante, y podría explicar por sí mismo el hecho de que Laeta y Tisamene, precisamente, hubieran terminado afincadas en Roma. En esa época, año 408, el augusto de Occidente no era otro que Honorio, hijo de Teodosio I, por tanto una garantía de que las decisiones adoptadas por su padre, en este caso la manutención de Laeta y Tisamene, se seguirían respetando. Lo que no es tan fácil de explicar es por qué Teodosio decidió dar semejante trato de favor a estas dos mujeres. Podríamos pensar que las unía algún tipo de parentesco con el emperador, una hipótesis sin duda atractiva pero que no cuenta con ningún tipo de apoyo documental. El único vínculo conocido de Laeta con la casa imperial sería su corto matrimonio con Graciano, que no tenía ningún tipo de parentesco con Teodosio. No solo eso: el padre de Teodosio, del mismo nombre, había sido asesinado en 375/376, cuando el augusto de Occidente no era otro que el propio Graciano. No es fácil entender que, años después, el ya augusto Teodosio decidiera conceder prerrogativas a miembros del entorno familiar de los valentinianos. Pero hay un par de detalles que permiten aclarar la cuestión. Es probable que la muerte de Teodosio padre no se debiera a una orden de Graciano, por entonces un adolescente recién llegado al trono, sino más bien de alguna de las camarillas militares que en aquellos tiempos, después de la muerte de Valentiniano I, ejercían el poder efectivo.[82] En realidad, Teodosio tenía motivos para estar agradecido a Graciano, pues fue este quien decidió llamarlo de su retiro hispano y, poco después, nombrarlo augusto de Oriente. Un detalle adicional que corroboraría la actitud favorable de Teodosio hacia Graciano, y por consiguiente hacia Laeta y Tisamene,

---

[81] Salviano, *De Gub. Dei* VI 8; 11; 15.
[82] McEvoy (2013a: 57); Kulikowski (2019: 63-71).

está en el hecho de que uno de los hijos de Teodosio y Gala, muerto poco después de nacer, llevó por nombre Graciano.[83]

Otra cosa que cabe preguntarse es por qué Zósimo decidió incluir a Laeta en su *Historia Nova*. Recordemos que el breve pasaje aparece justo después de que el autor nos hable de Serena y su triste final, rematado con un episodio de carácter ficticio que pretende encontrar una justificación religiosa a la estrepitosa caída de la que fue esposa de Estilicón. Podríamos pensar que la intención de Zósimo era la de establecer un contraste entre la figura de Serena, denostada por él mismo, y la de Laeta y su madre, presentadas como almas caritativas que no dudan en compartir sus alimentos con la población hambrienta de Roma. Pero esa utilización interesada por parte de Zósimo no es incompatible con la veracidad de lo que narra sobre Laeta y Tisamene, de ahí el gran valor histórico de estas líneas.

Es evidente que con tan escasos datos resulta imposible trazar algo parecido a una biografía coherente de Laeta, mucho menos de su madre, pero, como hemos visto, sí que podemos analizar estos retazos para sugerir un esquema básico, apoyado en dos ejes: un primer momento, quizá en edad adolescente, en el que Laeta contrajo matrimonio en Tréveris con el emperador Graciano, y un segundo momento, unos veintisiete años después, cuando ya en edad madura la vemos en Roma ayudando a los necesitados. Lo que no podemos vislumbrar es qué fue de ella después de su fugaz aparición en el relato histórico. ¿Siguió viviendo en Roma durante las siguientes fases del conflicto, que se alargó hasta verano de 410? ¿Siguió con vida hasta el momento del saqueo? ¿Sobrevivió a este? En caso afirmativo, ¿qué fue de ella en los años sucesivos, al tiempo que la ciudad de Roma iba recuperándose de los golpes recibidos? No hay manera de saberlo. Haría falta encontrar nuevos testimonios antiguos que hablaran de ella. De momento, nos tenemos que conformar con las pocas frases que le dedica Zósimo, que son un verdadero tesoro. Lo demás pertenece al terreno de las hipótesis, más o menos sólidas, y a los vuelos de la imaginación, porque Laeta, como otras mujeres de aquella época, bien podría ser la protagonista de alguna obra de ficción.

---

[83]   Rebenich (1985, 1989).

4. MELANIA LA JOVEN

En enero de 407, como cada año, Paulino celebraba el natalicio de Félix, patrón de Nola, la ciudad en la que residía junto a su esposa, Terasia. Para esta ocasión, además de componer el correspondiente poema en honor al santo, Paulino se rodeó de un selecto grupo de visitantes procedentes de Roma. Entre ellos, tal como nos cuenta en el poema, se encontraba Albina, que había enviudado poco antes, y con ella su hija Melania y el marido de esta, Piniano, que al igual que Terasia y Paulino habían decidido renunciar a los placeres carnales y transformar su matrimonio en una unión consagrada a la religión. Completaba el grupo Avita, sobrina de Albina, y su marido, Turcio Aproniano, convertido al cristianismo por Melania la Mayor, abuela de Melania la Joven.[84]

El poema rezuma alegría y optimismo. Unos meses atrás, en la batalla de Faesulae, se había puesto fin a la invasión del godo Radagaiso, el segundo caudillo militar germano que se había atrevido a adentrarse en territorio italiano en tiempos recientes. El anterior había sido Alarico, en 401. Es comprensible la sensación de alivio que debieron sentir Paulino y las personas de su entorno cuando llegaron las noticias de la victoria, cuyo mérito, en las palabras poéticas de Paulino, recaía en la acción milagrosa de Félix. La presencia de Melania y su familia en Campania podría explicarse, entre otras cosas, como una medida de precaución frente a las amenazas de los bárbaros. Pero el año 407, con la derrota de Radagaiso aún reciente, empezaba en un ambiente esperanzado. Poco podían imaginar que, un año después, una amenaza mucho más seria se cerniría sobre Roma: la de un viejo conocido, Alarico.

---

[84] Paulino, *carm.* 21, 280-295; Paladio, *Hist. Laus.* 54.4; véase Trout (1999: 19).

Melania y las personas de su entorno procedían de familias aristocráticas que poseían un inmenso patrimonio, con propiedades en distintos lugares del Imperio, lo cual les permitía cambiar de residencia con relativa facilidad. En esta ocasión se habían desplazado a la ciudad de Nola, cercana a Nápoles, para unirse a Paulino en su ceremonia anual. Les unían lazos de amistad, establecidos firmemente desde los tiempos de Melania la Mayor, incluso de parentesco lejano, como se desprende de una mención pasajera en una de las cartas de Paulino.[85] La presencia de personas tan queridas para él le proporcionaba un motivo adicional de alegría. En su poema, las 'madres', Albina, Terasia y Avita, forman un coro de perfección cristiana que se une armoniosamente al de las jóvenes, entre ellas Melania, y al de los hombres, o 'padres', formado por el propio Paulino y Turcio Aproniano. Estamos en una época en la que determinados personajes de la nobleza romana, en escaso número pero perteneciente a familias de renombre, habían decidido consagrarse a la vida religiosa, y en textos como los de Paulino puede percibirse su entusiasmo. El propio Paulino procedía de una notable familia romana. Durante las primeras décadas de su vida había ocupado importantes cargos, por ejemplo el de gobernador de Campania, una labor que compaginaba con su dedicación a la poesía. Unos años después, su vida daría un giro radical, que lo llevaría en 394 a ser ordenado como presbítero en Barcelona. En esos momentos llevaba ya unos años casado con Terasia, natural de Hispania, que lo acompañaría el año siguiente en su viaje de vuelta a Nola, en Campania. Esa es, a grandes rasgos, la trayectoria vital de Paulino y Terasia, los anfitriones del círculo de amistades cristianas que acudió a Nola en enero de 407; en el capítulo 6, dedicado a Terasia, hablaré extensamente de ellos. Su experiencia se asemeja a la de Melania la Mayor, que los visitó en el año 400 procedente de Palestina, donde residía desde años atrás llevada por un mismo fervor religioso. Su nieta Melania, nacida en torno al año 385, se vio sin duda influida por este conjunto tan particular de personas consagradas a la religión.[86]

---

[85] Paulino, *Ep.* 29.5.
[86] Bibliografía sobre Melania la Joven: Clark (1984 y 2021); Brown (2012: 291-307); Luckritz Marquis (2017); Hillner (2003); Alciati - Giorda (2010).

Gran parte de lo que sabemos sobre Melania (la Joven) proviene de dos fuentes: la *Historia Lausiaca*, de Paladio de Galacia, que conoció en persona a Melania durante su visita a Roma en 404, y la *Vita Melaniae*, atribuida tradicionalmente a Geroncio, que fue colaborador de Melania en la última parte de la vida de esta, en tierras de Oriente.[87] En ambos casos, se trata de textos que se centran sobre todo en los aspectos religiosos de la protagonista: la renuncia a los bienes materiales, la consagración de su vida (incluida la parte matrimonial) a la religión, su viaje a África, y de ahí a Egipto y a los santos lugares, en especial a Jerusalén, donde finalmente fijó su residencia. Recordemos, entre otras cosas, que Melania es considerada una santa por la cristiandad. En este libro nos centramos sobre todo en la primera parte de su vida, desde su nacimiento en Roma hasta el año 410, cuando partió hacia África.

Su año de nacimiento suele situarse en torno al 385, partiendo de datos indirectos que aportan las fuentes. Era hija de Albina y Valerio Publícola, y en su árbol genealógico se mezclaban importantes familias de la época, como los Valerii y los Ceionii Rufii. Publícola era hijo de Melania la Mayor, a la que llamamos así para distinguirla de su nieta. Melania la Mayor era originaria de Hispania, pero se trasladó a Roma siendo muy joven. Fue en esa ciudad donde contrajo matrimonio con un hombre cuya identidad desconocemos, donde tuvo a su hijo Publícola y donde, en el año 364, enviudó. Unos años después, c. 372/373, tomó la decisión radical de dejar atrás su vida en Roma, y también a su hijo Publícola, para emprender el largo viaje a Palestina guiada por su devoción religiosa. En ese sentido, puede decirse que fue una verdadera pionera, sentando un ejemplo para otras mujeres, como Paula o la propia Melania la Joven, que en años posteriores siguieron sus pasos. La *Historia Lausiaca*, de hecho, destaca el papel de Melania la Mayor como la inspiradora del ascetismo de su nieta, sobre todo durante la visita que esta realizó a Roma en el año 400, procedente de Palestina. Fue la primera y última vez que la Joven conoció en persona a su abuela, que poco después partía de nuevo a tierra santa, de donde nunca regresaría. No se sabe con certeza el año de su fallecimiento, pero en cualquier caso fue anterior a la llegada de su nieta a Jerusalén, en 417.

---

[87] Existen dos versiones de la *Vita Melaniae*, una en griego y otra en latín, que presentan algunas divergencias, de ahí que sea necesario tratarlas de manera separada.

Se da la circunstancia paradójica de que la *Vita Melaniae*, esencial para conocer muchos detalles sobre Melania la Joven, no menciona ni una sola vez a su abuela, Melania la Mayor. Los estudiosos han intentado encontrar una posible explicación a un hecho tan sorprendente, y la teoría más difundida es que la ausencia de Melania la Mayor tiene que ver con el hecho de que, a lo largo de su vida, mantuvo estrechos contactos con personajes como Rufino de Aquilea, que años después sería vituperado por su postura en el llamado debate origenista, en torno a los postulados de Orígenes, asceta y teólogo cristiano del siglo III. La controversia, en su variante teológica, estalló en 394 cuando Juan, obispo de Jerusalén, ordenó como sacerdote al hermano de Jerónimo, pero hunde sus raíces en los escritos de Epifanio de Salamina, que había incluido a Orígenes en su lista de herejes. Jerónimo, antiguo entusiasta de los postulados origenistas, decidió cambiar de criterio para alinearse con la ortodoxia imperante, a diferencia de Rufino.[88] No es este el lugar para entrar en los complejos detalles de las disputas doctrinales de la época, pero es lógico pensar que la ausencia de toda mención a Melania la Mayor en la *Vita* tiene que ver con la voluntad del autor de mostrar a su biografiada como una persona ajena a toda posible heterodoxia, en este caso la que, a ojos del *establishment* cristiano de la época, representaba el origenismo.[89]

La decisión de Melania la Mayor de dar un giro tan radical a su vida debió resultar escandalosa para la sociedad romana de la época. Su hijo, Publícola, quedó en manos de un tutor legal, que entre otras cosas administró adecuadamente el importante patrimonio de la familia, que era muy considerable.[90] No sabemos cómo vivió el joven Publícola la repentina marcha de su madre, pero el hecho de que llamara Melania a su hija es indicativo de que los lazos familiares, a pesar de la distancia y de los hechos consumados, permanecían vivos.[91] Publícola pudo desarrollar una carrera acorde con su estatus social, y en un año indeterminado se casó con Albina, una mujer que compartía ese mismo estatus. De ese matrimonio nació Melania la Joven, c. 385. Las fuentes citan de pasada la

---

88   Rubenson (2022: 320-324).
89   Clark (1984: 148-151).
90   Paladio, *Hist. Laus.* 46.1.
91   Luckritz Marquis (2017: 37).

existencia de algunos hermanos de Melania, sin mencionarlos por nombre. Por un comentario recogido en la *Historia Lausiaca* puede deducirse que tuvo al menos un hermano o hermana, y en la *Vita* se hace alusión a varios hermanos, pero con la finalidad de subrayar, y criticar, la oposición de estos a los designios de la propia Melania.[92]

Podemos suponer que Melania tuvo una infancia comparable a la de otras hijas de familia acomodada en la Roma de la época. A la edad de catorce años fue concertado su matrimonio con Piniano, que era tres años mayor que ella. El enlace, por tanto, podría situarse en torno al año 399, poco antes de la decisiva llegada a Roma de Melania la Mayor, abuela de la recién casada. Las fuentes nos dicen que Melania y Piniano tuvieron dos hijos (hijo e hija en el caso de la *Vita*), muertos poco después de nacer, una circunstancia que vinculan estrechamente con la decisión de Melania de renunciar al mundo. La *Vita* nos dice que en realidad Melania siempre había deseado mantenerse virgen, y que su matrimonio no era más que un obstáculo para la consecución de tal fin, algo que suena un poco a tópico dentro de la literatura hagiográfica. Pero no hay duda de que Melania experimentó un momento de crisis personal, que recuerda al de Paulino y Terasia tras la muerte de su hijo Celso, y que fue a raíz de ello cuando tomó la decisión de adoptar un nuevo ideal de vida, al que, a pesar de sus reticencias iniciales, se acabó sumando su marido. A partir de entonces, su matrimonio se convertía en una relación de convivencia entre dos hermanos unidos en lo que para ellos era la búsqueda de la perfección espiritual a través del ascetismo. La idea, que es descrita en términos elogiosos en la *Vita*, chocó, como no podría ser de otra manera, con la oposición de las respectivas familias, que veían en todo ello un evidente peligro para la integridad de su patrimonio. Todo esto cambió en torno al año 405, con la muerte de Publícola, padre de Melania; la pareja de jóvenes ascetas tenía a partir de ese momento las manos libres para administrar la herencia familiar conjunta. Su primera decisión fue dejar la ciudad de Roma para instalarse en una de las posesiones familiares de las afueras, donde podían llevar a cabo su modo de vida sin levantar tantos recelos. La siguiente decisión tenía que ver con su deseo de deshacerse

---

[92] Paladio, *Hist. Laus.* 54.3; *Vita Mel.* (Gr) 12.

de las posesiones terrenales, con el objetivo de destinar recursos a todo tipo de acciones piadosas o benéficas, un proyecto que, como veremos, no tardó en encontrar obstáculos.

En primer lugar, la tarea de vender un patrimonio de tal envergadura era compleja en sí misma, por la posible saturación del mercado, más aún en una época tan inestable como la de la primera década del siglo V. Las fuentes mencionan, además, la oposición activa por parte de algunos familiares de Piniano, en particular su hermano Severo, que no podía tolerar que las posesiones de la familia, sobre todo las de la ciudad de Roma y sus alrededores, se esfumaran por motivos tan difíciles de comprender. Un problema añadido era el de los esclavos y los arrendatarios asociados a las posesiones de la familia, que protestaron contra el posible cambio de dueños (según la *Vita*, animados por Severo), temerosos de que esos cambios fueran perjudiciales para sus intereses.[93] Podemos imaginar, además, el estupor de amplios sectores de la clase senatorial romana, que asistirían atónitos a algo tan inconcebible dentro de sus esquemas tradicionales como era la venta precipitada de tan inmensa herencia.

Ante estas dificultades, Melania tomó una decisión que tendría importantes consecuencias: entrevistarse con Serena, esposa de Estilicón, una persona que sin duda contaba con una gran capacidad de influencia en las decisiones de su marido, y por ende del emperador, Honorio. El encuentro entre ambas mujeres puede situarse entre finales de 407 y principios de 408,[94] pocos meses antes de que la estructura de poder formada por Estilicón se tambaleara por completo, tal como hemos visto en el capítulo 1. Pero en esos momentos Serena estaba en su apogeo. La versión latina de la *Vita* se refiere a ella como *regina*, la griega como βασίλισσα, términos que cabe entender como honoríficos, y como un reflejo de su elevado estatus dentro de la casa imperial.[95] Según las fuentes, Serena dispensó a Melania un recibimiento con todos los honores, y se mostró dispuesta a ayudarla desde el primer momento. La joven se presentó ante ella vistiendo sus humildes ropajes de asceta, y llevando en todo momento

---

[93] *Vita Mel.* (Gr) 10.
[94] Clark (2021: 106) sitúa la visita entre mediados de noviembre de 407 y principios de mayo de 408.
[95] Véase Cameron (2016: 513-514) para un análisis de estos términos referidos a Serena.

la cabeza cubierta, como correspondía a alguien que estaba por encima del mundanal ruido, detalles que, según las fuentes (básicamente la *Vita* en sus dos versiones, de marcado carácter cristiano), obraron un efecto muy positivo en Serena, que es descrita como una persona muy devota. Melania llevaba, eso sí, unos suntuosos regalos para la *regina* y para sus ayudantes, como muestra patente de que, en el fondo, los esquemas propios de la sociedad romana no se habían diluido del todo en su manera de proceder.

En vista de la cordial acogida, y sabedora de que en Serena tenía a una más que probable colaboradora, Melania empezó a recitar sus quejas. Según ella, algunos de sus familiares habían actuado en contra de ella, empezando por su padre, que en su día, en vista de las intenciones de su hija, habría intentado desviar la herencia de esta hacia los otros herederos. La acusación se ampliaba a otros parientes, todos ellos pertenecientes a la clase senatorial, que estaban maquinando para hacerse con sus posesiones, en especial Severo, hermano de Piniano. Serena, indignada ante lo que oye, sugiere llevar a juicio a Severo si así lo desea Melania, pero esta responde que tal solución no le parece aceptable desde un punto de vista cristiano. Pero podemos imaginar una leve sonrisa dibujándose en sus labios al ver una actitud tan favorable por parte de Serena... Al final, se llega a la siguiente decisión: Serena convencerá a su 'hermano', el emperador Honorio, para que este ordene que los gobernadores y otros magistrados de las provincias se encarguen de supervisar la venta de las posesiones de Melania y Piniano, y que los correspondientes ingresos les sean remitidos para que puedan utilizarse según sus designios cristianos. La orden fue transmitida de inmediato, cuando Melania aún no había salido del palacio. Misión cumplida. El problema para Serena, calificada como *regina* en la *Vita*, situada en lo más alto de las esferas del poder terrenal, era que su decisión de ayudar a Melania la enfrentaría con una amplia mayoría de la clase senatorial, un detalle que, meses después, una vez desmontado el régimen de Estilicón, se volvería en su contra con nefastas consecuencias.

En el capítulo 1, dedicado a Serena, describimos las circunstancias de su juicio y su posterior condena a muerte, incluido el subterfugio utilizado por los senadores para justificar esa condena. Algunos autores modernos han intentado indagar en las posibles causas que llevaron al Senado a actuar de manera tan fulminante contra Serena, y una de las teorías más interesantes pone estos sucesos en relación con la ayuda que en su día prestó a Melania, en abierta oposición a muchos de los senadores.[96] ¿En qué lugar quedaría Melania si seguimos la lógica de esta hipótesis? Es evidente que la caída de Serena podía acarrear también consecuencias muy negativas para Melania, exacerbadas por el ambiente de tensión que se había apoderado de la ciudad. Pero en esos momentos, cuando Alarico tenía establecido su primer asedio, Melania llevaba tiempo fuera de Roma, acompañada de su madre Albina y de su esposo Piniano. En la parte final del capítulo abordaré en detalle sus desplazamientos por tierras de Italia; ahora quiero centrarme en una de las propiedades de Melania en Roma, su *domus* familiar, que algunos autores modernos sitúan en la colina del Celio.

Después de su entrevista con Serena, Melania y Piniano le ofrecieron a su benefactora, a modo de favor, la posibilidad de comprar (suponemos que a buen precio) su magnífica residencia romana, cuyo valor de mercado era tan alto que ni siquiera los senadores podían permitirse semejante adquisición.[97] Serena, pensando quizá que no le convenía enemistarse aún más con los senadores de Roma, declinó la oferta, pero Melania y Piniano, que deseaban a toda costa devolver a Serena el inmenso favor que les había hecho al facilitarles la tarea de vender sus propiedades, decidieron regalarle algunas de las estatuas de mármol que adornaban la mansión. Al final, un poco a regañadientes, Serena aceptó el regalo. Pero el intento de venta había quedado en nada, y de hecho sus propietarios fueron incapaces de encontrar un comprador en esos tiempos tan turbulentos. Lo último que sabemos de la casa es que fue destruida por los godos. La *Vita*, en su versión griega, habla de destrucción por fuego; la versión latina nos dice que la casa quedó destruida en parte (*partim dissipata*), como si hubiera sido incendiada (*quasi incensa*). Ante tal destrucción, sus dueños decidieron finalmente darla sin pedir un precio a cambio (*pro nihilo venundata est*).[98]

En tiempos modernos, sobre todo a principios del siglo XX, algunos

---

[96] Demandt - Brunner (1977); Paschoud (1986: 258-262).
[97] *Vita Mel.* (Gr) 14.
[98] *Vita Mel.* (Lat) 14.2.

autores situaron la casa de Melania en la colina del Celio, basándose en algunos piezas halladas en la zona en los siglos XVI y XVIII, entre ellas algunas inscripciones en las que se mencionan personajes cuyos nombres incluyen los elementos 'Valerius' y 'Aradius', que permitían elucubraciones y supuestas conexiones con la familia de Piniano y Melania. De hecho, se aceptó de manera generalizada que esa mansión del Celio no era otra que una supuesta *Domus Valeriorum*, que habría quedado en propiedad de los jóvenes ascetas a principios del siglo V. Sin embargo, tal identificación plantea muchos problemas en la práctica, como ha sido puesto de manifiesto por autores como J. Hillner.[99] El caso de la *domus Valeriorum* recuerda un poco al de la Troya de Schliemann, o a tantos otros intentos por parte de la arqueología, sobre todo la más clásica, de buscar en las excavaciones la evidencia práctica de algún pasaje escrito por algún autor antiguo. Más arriba (capítulo 2) mencionaba esa Roma humeante descrita por Jerónimo en su carta 130, que, unida a otras imágenes catastrofistas del propio autor, en sus cartas o en sus *Comentarios al libro de Ezequiel*, podrían servir de aliciente para intentar rastrear la supuesta devastación llevada a cabo por los godos, pero lo cierto es que las indagaciones arqueológicas, con alguna escasa excepción, no corroboran unos pasajes literarios que, en algunos casos, como el de Jerónimo, tendían a magnificar los hechos para añadir dramatismo a su relato.[100] ¿Fue destruida la casa romana de Melania? No tenemos por qué dudarlo, pero tampoco hay manera de saber en qué lugar exacto estaba situada y en qué circunstancias se produjo su supuesta destrucción.

En cualquier caso, la irrupción de los godos en Roma en verano de 410 fue el factor determinante para la marcha de Melania, Piniano y Albina; viajaron en dirección sur, hacia Campania, y posteriormente a Sicilia, donde tenían otras propiedades que aún no habían vendido. Con bastante probabilidad, Melania y sus familiares, a los que habría que sumar un gran número de sirvientes y acólitos, no salieron de la Roma sitiada, sino más bien de su residencia en la campiña, que habían convertido en algo parecido a un centro monástico. Por desgracia, las fuentes, espe-

---

[99] Hillner (2003: 140.143); Clark (2021: 55-57).
[100] Véase Lipps - Machado - von Rummel, eds. (2013), para un análisis de las excavaciones arqueológicas en Roma relacionadas con el saqueo de Alarico.

cialmente la *Vita*, no ofrecen un relato coherente de ese viaje, de manera que resulta casi imposible trazarlo con precisión. Sabemos que pasaron por Nola, donde residían sus amigos Paulino y Terasia, y es posible que el propio Paulino fuera con ellos desde allí hasta Sicilia, pero los datos, como decía, son confusos. Lo cierto es que Alarico, después de saquear Roma, condujo a sus tropas hacia Campania y Lucania, donde llevó a cabo lo que algunas fuentes describen como una devastación.[101] No es de extrañar que Melania y los suyos prefirieran desplazarse a Sicilia. La *Vita* incluye un episodio que ilustra bien la situación de caos que imperaba en aquellas regiones:[102] el barco en que viajaban Melania y los suyos se vio inmerso en una fuerte tormenta que cambió por completo el rumbo que llevaban, de manera que arribaron a una isla que se hallaba bajo el control de los godos. Estos, siguiendo una práctica habitual para la época, habían capturado a muchos de los personajes más notables del lugar, por los que pedían cuantiosos rescates. En vista de la situación, Melania decidió ayudar económicamente a los habitantes de la isla para que estos pudieran asumir el costo del rescate; aprovechó, además, para rescatar a una de las mujeres de su entorno que había sido también capturada por los godos, una operación que le costó la nada despreciable cifra de quinientas monedas de oro. El relato, más o menos creíble, deja a las claras que Melania y Piniano tenían a su disposición un considerable caudal de fondos, procedentes de todas las ventas que habían llevado a cabo en los últimos tiempos, y que ahora empleaban en acciones piadosas de todo tipo, ya fueran rescates como el que acabamos de relatar o, más a menudo, fundaciones monásticas o donaciones a las iglesias. Pero estaba quedando claro que Italia, en conjunto, era un lugar demasiado peligroso para ellos. Su siguiente paso fue dirigirse a África, donde contaban también con importantes posesiones. De allí, unos años más tarde (417) se marcharían a Oriente: primero a Alejandría y finalmente a Jerusalén, en Palestina, donde desarrollarían (sobre todo Melania) una forma estricta de vida monástica. Pero esa es una historia que dejo para otra ocasión.

---

[101] Jordanes, *Getica* 156; Filostorgio, *Hist. Ecl.* XII 3.
[102] *Vita Mel.* (Gr) 19.

En general, el itinerario de Melania y sus acompañantes desde Roma a África es descrito como una huida *in extremis*, a la manera de aquella película titulada *Con la muerte en los talones*.[103] La *Vita*, por ejemplo, nos cuenta cómo, poco después de vender sus posesiones romanas, estas cayeron en poder de Alarico. El pasaje concluye con lo que parece un canto de alabanza, que imita en su forma las célebres Bienaventuranzas evangélicas: "Benditos sean los que abandonaron sus posesiones antes de que llegaran los bárbaros".[104] Paladio, en la *Historia Lausiaca*, nos dice que Melania, gracias a las ventas que pudo llevar a cabo, privó de riquezas a Alarico; literalmente, se las quitó al león de la boca, recurriendo al paralelo bíblico.[105] En otro pasaje, utilizando un lenguaje casi apocalíptico, nos dice que cuando Melania y sus acompañantes dejaron Roma se abatió sobre la ciudad una verdadera tormenta de bárbaros, tal como estaba escrito en las profecías. Su conclusión, no menos dramática, es que Roma, que había sido embellecida durante siglos por manos amables, se había convertido en una ruina.[106] Ya he comentado en anteriores ocasiones que el tono dramático que utilizaron determinados autores antiguos en algunos de sus escritos no concuerda con otros testimonios, de variada índole, que indican que el saqueo de Roma por parte de los godos no supuso ni mucho menos la destrucción de la ciudad. Un detalle a tener en cuenta es que ninguno de esos autores estuvo presente en Roma cuando se produjeron los acontecimientos, de ahí que sus afirmaciones deban ser valoradas con cautela. Pero, más allá de los daños materiales, es lógico pensar que en la psique de Melania y sus acompañantes, así como del resto de romanos y romanas que pudieron huir a tiempo, la experiencia debió ser sumamente traumática. Por desgracia, las fuentes no entran en ese tipo de pormenores; cuando hablan de Melania, su prioridad es mostrarnos a una persona que había entrado en un tipo de vida de elevado contenido espiritual. Pero esa es una visión parcial, que influye, quizá excesivamente, en nuestra manera de entender al personaje histórico. Imaginemos a Melania vendiendo con prisas su patrimonio, huyendo de Roma por temor a la llegada de los godos, imaginémosla cuando se enteró de la muerte por

[103] *North by Northwest* (1959), dirigida por Alfred Hitchcock.
[104] *Vita Mel.* (Gr) 19.
[105] 2 *Timoteo* 4.17; Paladio, *Hist. Laus.* 54.5.
[106] Paladio, *Hist. Laus.* 54.7.

ejecución de su aliada Serena, que tanto había hecho por ayudarla, imaginemos su temor ante posibles represalias. Luego vendrían los años en África, y el posterior viaje sin retorno a Palestina. Una vez allí, instalada en uno de los monasterios cuya fundación le atribuyen las fuentes, tendría sin duda tiempo de reflexionar sobre su propia vida. En 431 moría su madre, Albina; poco después su marido, Piniano. Previamente le habrían llegado de África noticias nefastas para sus intereses: en 429, el vándalo Genserico culminaba la conquista de Cartago, que se convertiría en la flamante capital del reino vándalo del norte de África. La vida de Melania parece en sí misma una metáfora de Roma en esa época: un lento desmembramiento, una huida hacia otro lugar. La pérdida de África a manos de los vándalos suponía la pérdida de importantes posesiones para Melania, pero en realidad era mucho más: la pérdida de un mundo, el que ella había conocido en su Roma natal, un mundo, material al fin y al cabo, al que, según nos cuentan las fuentes, Melania había renunciado en favor de la espiritualidad. ¿Cómo fue su vida en medio de tantos sucesos y tantos cambios de guion? ¿Cómo vivió su propia experiencia personal en aquellos tiempos cambiantes? Melania murió en Jerusalén en diciembre de 439. Son muchas las dudas que tenemos sobre su vida, pero una cosa parece cierta: en gran medida, esa vida fue el fruto de sus propias decisiones.

5. GALA PLACIDIA

Nacida en Constantinopla en el seno de la familia imperial, hija de Teodosio I (*imp.* 379-395), nieta de Valentiniano I (*imp.* 364-375), nada hacía
presagiar que la vida de Gala Placidia, como consecuencia del saqueo
godo de Roma, iba a dar un giro tan inesperado, tan propio de un argumento de novela. De ella se habla en este capítulo y también en el último,
concebido a modo de epílogo.

Habría que decir, eso sí, que entre los antecedentes familiares de Placidia, sobre todo en el lado femenino, no faltaban relatos interesantes, que
sin duda ella escuchó desde su primera infancia. Su abuela, Justina, se
vio obligada a huir de Italia en 387 ante el avance del usurpador Magno
Máximo. La acompañaban sus hijas Justa, Grata y Gala, y su hijo Valentiniano, que seguía siendo el augusto legítimo de Occidente. El destino de
su viaje era Tesalónica, donde buscaban la protección de Teodosio I, pero
encontraron algo más que eso. Según Zósimo, Teodosio quedó prenda-
do por la belleza de la joven Gala, así que no dudó en pedir su mano en
matrimonio.[107] Justina, madre de Gala, aprovechó la circunstancia para
exponer sus condiciones: a cambio de la alianza matrimonial, Teodosio
tenía que comprometerse a combatir al usurpador Magno Máximo y devolver el mando de Occidente al joven Valentiniano, hermano de la no-
via. Evidentemente, el relato de Zósimo es la versión novelesca de lo que,
con toda probabilidad, fue un acuerdo de naturaleza más prosaica que
convenía a ambas partes. Teodosio había enviudado de su primera esposa, Aelia Flaccila, de la que había tenido dos hijos, Arcadio y Honorio;

---

[107] *Hist. Nova*, IV 44.

unas segundas nupcias con la heredera directa de la dinastía valentiniana eran la oportunidad perfecta para expandir sus dominios a Occidente, como así ocurrió. La boda se celebró en Tesalónica en 387; un año después, Teodosio culminaba su campaña contra Magno Máximo, que fue derrotado y ejecutado en Aquilea en agosto de ese mismo año. Quedaba el camino expedito para el retorno de la familia imperial a Milán, bajo la esfera de influencia de un Teodosio que se había erigido sin duda en la figura central del Imperio. Pero a su llegada a Italia, al cuadro familiar de Valentiniano II le faltaba su miembro más importante: su madre Justina, fallecida probablemente durante el viaje de vuelta. Gala, por su parte, se quedó en Tesalónica, embarazada de su primer hijo, o hija. Tradicionalmente se pensaba que la primogénita de Teodosio y Gala era, precisamente, Gala Placidia, que por tanto habría nacido en 388 o 389,[108] pero en realidad su año o lugar de nacimiento no consta en ninguna fuente antigua, lo cual ha dado pie a diversas hipótesis. Según S. Rebenich, existen indicios suficientes para situarlo entre los años 392-393; el primogénito de Gala y Teodosio sería un niño llamado Graciano, muerto en la infancia, que aparece mencionado en varias fuentes.[109] Esta es la hipótesis seguida en este libro. Por otro lado, podríamos deducir que Gala Placidia nació en Constantinopla, la ciudad en la que su madre residió desde el año 388 o 389.

La adaptación de Gala a la corte de Constantinopla no fue sencilla, entre otras cosas por la ausencia de su marido, que no volvió a Oriente hasta noviembre de 391.[110] Según nos cuenta el *comes* Marcelino en su crónica, Gala fue expulsada del palacio por Arcadio, hijo mayor de Teodosio, sin duda receloso ante la presencia de alguien que suponía un potencial peligro para sus aspiraciones como heredero.[111] Poco más sabemos acerca de la vida de Gala en Constantinopla hasta el año 394, en el que fallecía por complicaciones en un parto. Su marido se hallaba en la ciudad en esos momentos, a punto de embarcarse en una nueva campaña mili-

---

[108]   Oost (1968: 1).
[109]   Rebenich (1985, 1989).
[110]   Sócrates Esc., *Hist. Ecl.* V 18.14.
[111]   Marcelino *comes*, *Crónica* s.a. 390.

tar contra un usurpador de Occidente, en este caso Eugenio.[112] Zósimo añade el detalle de que Teodosio, a la manera homérica, lloró durante un día la muerte de su esposa, y a continuación emprendió su campaña.[113] Gala Placidia, hija de ambos, tendría entonces alrededor de un año de edad; era demasiado pequeña para darse cuenta de unos acontecimientos que iban a marcar su vida de manera trascendental.

En enero de 395, pocos meses después de la muerte de Gala, se producía la de Teodosio en Milán. En el capítulo 1 he narrado en detalle el suceso, incluida la ceremonia fúnebre oficiada por el obispo Ambrosio en la que, según se desprende de varias fuentes, Gala Placidia habría estado presente. A partir de entonces, su lugar de residencia iba a ser Occidente: primero en Milán, luego en Rávena, con algunas estancias en Roma. Siempre bajo la tutela de Serena, esposa de Estilicón, erigido en tutor de los hijos de Teodosio (al menos de Honorio y de su media hermana). Comenzaba así una nueva vida para Gala Placidia, de cuya infancia no tenemos apenas noticias. No sabemos cómo era su rutina diaria, y tampoco qué tipo de vínculo la unía con su entorno, empezando por Serena, que en teoría vendría a ocupar el lugar vacío dejado por la muerte de su madre. Nada parece indicar que entre Serena y la joven huérfana se estableciera ninguna relación de afecto, más bien lo contrario, como parece deducirse de los sucesos de 408. En la esfera cotidiana de Placidia destaca más bien otra persona, su nodriza Helpidia, que estuvo junto a ella durante muchos años, incluso en época adulta.

Como vimos en el capítulo 1, una de las principales motivaciones de Serena y su marido era consolidar su poder mediante alianzas matrimoniales. Su primer paso fue casar a su hija María con Honorio, hijo de Teodosio y augusto de Occidente; no es de extrañar que, después de este primer movimiento, se fijaran también en Placidia como objetivo de sus ambiciones. Según se desprende de una mención pasajera del poeta Claudiano,[114] parece que existió algún tipo de compromiso matrimonial para unir a Euquerio, hijo de Estilicón y Serena, con Placidia, un compromiso

---

[112] Juan de Antioquía, fr. 187 (= 212 Mariev).
[113] Zósimo, *Hist. Nova* IV 57.3.
[114] Claudiano, *Cons. St.* II 355-360.

que en cualquier caso nunca llegó a materializarse. La mención es del año 400; después de esa fecha, el proyecto de matrimonio parece desvanecerse por completo. Según la hipótesis de S. Oost[115] -en mi opinión muy plausible- Serena y Estilicón habrían decidido dejar el posible matrimonio de Euquerio y Gala Placidia en suspenso, en espera de la ocasión oportuna. En esos momentos, Honorio y María seguían sin descendencia, de manera que un posible matrimonio de Euquerio con Placidia hubiera sido percibido por muchos, empezando por el propio Honorio, como una clara señal de ambición desmedida. Esta hipótesis explicaría, entre otras cosas, el hecho de que Placidia estuviera aún soltera en 410, cuando tenía aproximadamente dieciocho años; lo habitual en la época, sobre todo en lo que respecta a las mujeres, era que los matrimonios se concertaran a edad más temprana. No hay manera de saber en qué medida el hecho de permanecer soltera pudo afectar a Gala Placidia, en una época en la que casarse joven y tener hijos formaba parte de los esquemas sociales habituales, más aún entre las clases dominantes; tampoco sabemos, por supuesto, qué pensaba ella sobre esos rígidos esquemas sociales. Por otra parte, se hace difícil imaginar cuál era su estado de ánimo cuando empezó el primer asedio de los godos a la ciudad de Roma, en 408, del que he hablado en anteriores capítulos. ¿Sentía algún tipo de frustración? ¿Se sentía quizá resentida ante la pasividad de su hermano a la hora de afrontar esos momentos críticos? En cuanto a Serena, reducida ahora a una sombra de sí misma tras la muerte de Estilicón y el desmantelamiento del régimen que había construido junto a su esposo, ¿le guardaba algún tipo de rencor?

En el capítulo 1 hablé de la condena a muerte de Serena, tras un proceso que probablemente fue orquestado por algunos sectores senatoriales que se sentían desde tiempo atrás agraviados por determinadas actuaciones de la acusada. Como vimos, la decisión final contó con el consentimiento de Gala Placidia, lo cual deja traslucir un posible trasfondo de animadversión entre ambas. Sin embargo, parece poco probable que un proceso de esta naturaleza, que implicaba la actuación en pleno del Senado, se originara por unos supuestos deseos de venganza de Placidia;[116] tampoco por la ini-

---

[115]   Oost (1968: 72-73).
[116]   Paschoud (1986: 260-261).

ciativa de Honorio, al que las fuentes antiguas no otorgan ningún papel en estas actuaciones. En cualquier caso, las noticias sobre el juicio a Serena nos permiten situar a Placidia en Roma a finales de 408. Lo siguiente que sabemos de ella es que en agosto de 410, después del saqueo al que Alarico sometió a la ciudad, Gala Placidia salía de allí como cautiva, en poder de los godos. Las fuentes no aclaran el momento exacto en que se produjo esa captura, que podría situarse por tanto entre finales de 408 y verano de 410.[117] ¿Permaneció Gala Placidia todo ese tiempo en Roma? En caso de no haber sido apresada hasta el momento del saqueo, ¿intentó en algún momento escapar de la ciudad, para buscar refugio en Rávena junto a su hermano Honorio? ¿Le merecía la pena? Las fuentes no muestran que Honorio llevara a cabo ninguna acción para intentar sacar a Gala Placidia de Roma, ni siquiera para liberar a la ciudad del asedio de los godos. Por unos motivos u otros, lo cierto es que el hecho, insólito en sí mismo, ocurrió: Gala Placidia, nieta de emperador, hija de emperador, hermana por parte de padre de los dos augustos vigentes en el Imperio romano, salía de Roma formando parte del inmenso botín que habían obtenido los godos. Es probable que recibiera de estos un trato relativamente amable, como correspondía a alguien que podía tener mucho valor como moneda de cambio en futuras negociaciones.[118] Convenía cuidarla, preservarla. Me la imagino subida a uno de los carros que formaban parte del largo cortejo de Alarico, asomada a una rendija para ver los últimos destellos de Roma antes de iniciar un camino incierto en compañía tan inesperada.

Pero no todo eran personas extrañas para ella. Cabe imaginar que Placidia iba acompañada por las mujeres de su séquito habitual, encargadas de garantizar su bienestar a pesar de las difíciles circunstancias. Entre ellas estaría con toda seguridad su nodriza, Helpidia. Sabemos, además, que había al menos un ciudadano romano entre los que salían de la ciu-

---

[117]   Un pasaje de Zósimo (*Hist. Nova* VI 12.3) parece indicar que Gala Placidia estaba en poder de Alarico antes de que se produjera el desenlace final en verano de 410; véase Oost (1968: 94). El resto de fuentes, en general, mencionan solo el hecho de que fue capturada: Orosio, *Hist. Adv. Pag.* VII 40; Hidacio, *Crónica* 44 (s.a. 409); *Crónica gala de 452*, s.a. 416; Marcel. *comes*, *Crónica*, s.a. 410; *Narratio de imperatoribus domus Valentinianae el Theodosianae*, 6; Jordanes, *Getica* 159. Juan Malalas (*Chron.* 349), que escribía en el siglo VI, especifica que Placidia fue capturada cuando Alarico irrumpió en el palacio imperial una vez iniciado el saqueo.
[118]   Zósimo, *Hist. Nova* VI 12.3.

dad, alguien que llevaba tras de sí una trayectoria bien peculiar: Prisco Átalo. A finales del año 409, durante el segundo asedio de la ciudad, el Senado de Roma tomaba la decisión de elevar a Prisco Átalo, entonces prefecto urbano de la ciudad, a la categoría de augusto, lo que suponía un desafío directo a la autoridad de Honorio. Tradicionalmente se ha considerado que la elección de Átalo como emperador fue decisión de Alarico, que podría utilizarlo dentro de una nueva estrategia en su enfrentamiento con las autoridades imperiales. Es cierto que el nombramiento de Átalo como emperador contó desde el primer momento con el beneplácito, y la tutela, de Alarico, que completó la maniobra adhiriéndose al nuevo régimen con el cargo oficial de *magister militum*, pero hay motivos para pensar que Átalo fue algo más que un títere en manos de Alarico, como solía sostenerse habitualmente.[119] Primero, por la descripción que las fuentes antiguas hacen de su elección como augusto; segundo, por la manera de proceder del propio Átalo, cuyas acciones irritaron tanto a Alarico que este acabó por destituirlo unos meses más tarde, ya en 410. Pese a ello, decidió mantenerlo en su compañía, quizá porque pensaba que podría serle útil en algún momento. Desconocemos si Gala Placidia mantuvo algún tipo de contacto o amistad con Átalo. Quizá las circunstancias particulares en que se encontraban, en medio de la comitiva de los godos, ayudó a crear entre ellos algún tipo de vínculo.

En cuanto al entorno de Alarico, tenemos muy pocos nombres relevantes. Podríamos destacar dos de ellos, sobre todo por la gran importancia que iban a adquirir en tiempos posteriores. Por un lado Sigesario, que ejercía como obispo (arriano) de los godos, pero sobre todo Ataúlfo, uno de los principales caudillos godos, que se había unido a la causa de Alarico en 408 ante la llamada de este. Ambos hombres estaban unidos por lazos familiares; Alarico estaba casado con una hermana de Ataúlfo, cuyo nombre desconocemos. En 409, cuando se produjo la proclamación de Átalo como augusto, Ataúlfo recibió también un importante cargo, el de *comes domesticorum equitum*. Quedaba claro que, con títulos romanos o sin ellos, Ataúlfo se había convertido en la segunda persona con más poder en el escalafón militar de los godos.

---

[119]   Lizzi Testa (2022: 188-194).

Así pues Alarico, en compañía de su subalterno y cuñado Ataúlfo, y de todo su ejército, y del resto de personas, hombres y mujeres, que formaban su pueblo, con el añadido de Gala Placidia y de algún personaje tan indefinible como Prisco Átalo, al que acompañaba su hijo, de nombre Ampelio, emprendió su camino en dirección sur, con la intención última de cruzar hacia África en busca de un lugar seguro en el que establecerse. A su paso, no perdieron la oportunidad de arrasar campos y ciudades; al fin y al cabo, tenían la necesidad de aprovisionarse de víveres y de forraje para asegurarse la supervivencia. Es posible incluso que una de las razones que impulsaron a Alarico a tomar la decisión final de saquear Roma podría haber sido la dificultad de obtener alimentos debido a la suspensión del suministro desde África, con el consiguiente malestar entre los suyos. Tras atacar varias ciudades de Campania, entre ellas Nola,[120] los godos, con Alarico al frente, alcanzaban la ciudad de Rhegium (en la actualidad Reggio Calabria), con la idea de embarcarse hacia África. Las fuentes no nos dicen nada sobre Placidia durante este fulgurante periplo por el sur de Italia. ¿Contempló con sus propios ojos la destrucción que dejaban a su paso las huestes godas? ¿Se paró a pensar en que las propiedades que eran pasto del pillaje podrían perfectamente pertenecer a la alta aristocracia romana que, pocos meses antes, formaba parte de su vida cotidiana? Mirando hacia el futuro, ¿cómo asimilaba la aventura incierta, y peligrosa, de subirse a un barco con destino a África? Lo cierto es que el plan, finalmente, quedó en nada, debido a una tormenta que destruyó gran parte de la flota. La alternativa, quizá la única posible, fue encaminarse hacia el norte en busca de una ruta favorable, siempre con el peligro de caer en manos de las tropas imperiales romanas, o de fuerzas aliadas, que antes o después se echarían sobre ellos. Llegaron a la ciudad de Consentia (actual Cosenza), donde unos días más tarde se produciría el siguiente giro inesperado en el guion: la muerte de Alarico, por una fulminante enfermedad. Como era previsible, Ataúlfo fue elegido como su sucesor. Su primera medida fue continuar el largo camino hacia el norte. A finales de 411 habían alcanzado la parte septentrional de Italia; a principios de 412 cruzaban los Alpes en dirección a la Galia, donde Ataúlfo, considerado generalmente el primer rey de los godos de Occi-

---

[120] Lo veremos con más detalle en el Cap. 8.

dente,[121] tuvo que calibrar bien sus estrategias para lograr la pervivencia de su pueblo, sobre todo con el objetivo de conseguir unas condiciones estables para su asentamiento. En el año 413, después de haberse mostrado favorable al usurpador Jovino, Ataúlfo decidió finalmente ponerse de lado de las fuerzas de Honorio; en colaboración con los romanos consiguió derrotar al usurpador en Narbona y Valentia (actual Valence). Era sin duda un pacto de conveniencia: Ataúlfo ponía sus tropas al servicio de la causa romana, y desde Rávena se le prometía el envío de alimentos, la necesidad más apremiante para los godos. Según todos los indicios, una de las cláusulas del pacto establecía que, a cambio de ese suministro, Ataúlfo se comprometía a devolver a Gala Placidia a Rávena.[122] Uno de los más interesados en el retorno de Gala Placidia era Constancio, jefe del ejército (*magister militum*), que, como demostraría pocos años después, tenía aspiraciones de casarse con ella para afianzar su posición de poder. Pero las circunstancias de la época, en especial las derivadas de la rebelión de Heracliano en África ese mismo año, impidieron que Honorio cumpliera su promesa de suministrar grano a Ataúlfo y su pueblo. La tensión entre unos y otros iba en aumento. Ataúlfo se mantenía firme, consciente de la enorme ventaja que le confería tener en su poder a Gala Placidia, convertida en la principal pieza del gran tablero estratégico en el que se jugaba buena parte del destino del Occidente romano. Resulta difícil imaginar cuáles eran los sentimientos o el estado de ánimo de Placidia en estos momentos. ¿Se resignaba al papel pasivo que las circunstancias parecían otorgarle, o por el contrario intentó hacerse oír de alguna manera? De ser así, es poco probable que su opinión fuera tenida en cuenta. Por otro lado, ¿cuál era su relación con Ataúlfo? ¿Hasta qué punto se había integrado en su nuevo entorno después de casi tres años de vagar de un lado para otro sin descanso? ¿Qué opinaba de Constancio, el nuevo hombre fuerte del régimen de Honorio, erigido en el principal adversario de los godos en el plano militar? Recordemos que Honorio, desde sus comienzos como augusto, había renunciado a ponerse al frente de los ejércitos imperiales en campaña, una función que delegaba en hombres de su confianza. A ojos de todos, Constancio podía ser visto como una versión nueva de lo que en su día había significado Estilicón para el Imperio romano de Occidente.

---

[121] En tiempos posteriores, empezaría a utilizarse el término 'visigodos' para referirse a ellos.

[122] Olimpiodoro, fr. 22.

¿Compartía Gala Placidia estas impresiones? ¿Le resultaba familiar el ansia de poder del nuevo hombre fuerte de Occidente? ¿Era consciente de que ella, lo quisiera o no, formaba parte de sus ambiciones?

En verano de 413, Ataúlfo, que había ocupado Narbona y otras ciudades galas, entraba en conflicto abierto con las tropas imperiales; se esfumaba de este modo cualquier posibilidad de negociación. Gala Placidia, muy a pesar de las autoridades romanas, continuaría en poder de los godos. No solo eso. En enero de 414, en Narbona, ocurría uno de los acontecimientos más sorprendentes de la historia del Imperio romano en todos los siglos de su existencia: la boda de Gala Placidia, descendiente directa de dos dinastías de emperadores, con Ataúlfo, rey de los godos.[123] La noticia, recogida por numerosas fuentes antiguas, debió causar un verdadero impacto en el Occidente romano; sin embargo, esas mismas fuentes omiten un detalle importante: el lado personal de la noticia, el de sus principales protagonistas. ¿Cuál era la disposición de ánimo de Gala Placidia en esos momentos? ¿Accedió voluntariamente a contraer un matrimonio tan impensable? ¿Cómo eran sus sentimientos hacia el que sería su esposo? ¿Lo amaba? ¿Era un amor recíproco? Estas preguntas, además de plantear conjeturas indemostrables, responden más bien a una perspectiva moderna. Hay que recordar que en esos momentos Gala Placida era una cautiva en manos de una fuerza militar que había entrado de manera violenta en Roma. Como tal, no estaba en posición de expresar o hacer valer su punto de vista respecto a una decisión que no dependía de ella: la de su matrimonio con Ataúlfo. La decisión estaba tomada, y ella no podía intervenir en los acontecimientos.[124] A pesar de ello, no conviene analizar los hechos dentro de esquemas excesivamente rígidos. En casos como este, en los que se impone una realidad consumada, la persona afectada tiene al menos un margen de actuación para establecer su propia estrategia, aunque sea para intentar que su posición vital no sufra mayores perjuicios. Esa estrategia puede estar relacionada con los sentimientos

---

[123] Según Jordanes (*Get.* 160), Placidia y Ataúlfo se habrían casado en un lugar llamado 'Forum Iulii', en la provincia de Emilia, en la segunda mitad del año 411. Generalmente se considera que es un dato erróneo, en el que Jordanes quizá confundió los intentos de negociación matrimonial de Ataúlfo con la propia boda. Véase Oost (1968: 106).

[124] Para un análisis detallado del matrimonio de Gala Placidia y Ataúlfo, vésae Leonard (2019).

de la persona en cuestión, o más bien con su capacidad de cálculo o de representar un papel en la esfera pública que le resulte conveniente, y que le permita al menos sobrevivir en espera de tiempos mejores. Dentro de su escasa capacidad de maniobra en aquellos tiempos, y de su situación precaria en el plano personal, cabe imaginar que Gala Placidia jugó sus cartas. El hecho de convertirse en la esposa del rey de los godos, una circunstancia contra la que no podía actuar, le daba nuevas posibilidades. El problema es que, dada la escasez de datos, nos perdemos muchos detalles que serían relevantes, por ejemplo el papel que en todo ello tuvieron los sentimientos de las personas implicadas. No solo posibles sentimientos de amor, o amistad, también de resentimiento: el que Placidia pudo sentir en su momento respecto de Serena, tal como hemos visto anteriormente, o el que posiblemente albergó hacia su hermano Honorio, que en ningún momento llevó a cabo acción alguna para intervenir de manera decidida en la defensa de la ciudad de Roma ante la agresión goda. No hay manera de conocer estos detalles, pero quizá podamos descubrir algunos matices interesantes si indagamos en los sucesos posteriores. Porque las andanzas de Gala Placidia no terminaron ni mucho menos en Narbona. Lo veremos en el capítulo 9, que es también un epílogo para este libro.

6. MARCELA

No residía en la ciudad de Roma, sino en una villa a las afueras, donde había fundado una comunidad religiosa de mujeres. En la tranquilidad de la vida campestre, alejada del bullicio de la gran ciudad, se dedicaba a su vida ascética y a sus estudios de exégesis bíblica, en los que se había convertido en una experta, entre otras cosas por sus conocimientos de lengua hebrea. Pero esa reclusión, esa lejanía del mundo, no protegió a Marcela de los acontecimientos de agosto de 410, cuando los godos saquearon la ciudad de Roma y posteriormente las zonas rurales circundantes. De ella hablamos en este capítulo.

La tarea de abordar la figura de Marcela tropieza con una gran dificultad. Prácticamente todo lo que sabemos de ella procede de un único autor antiguo: Jerónimo de Estridón, autor de la traducción latina más conocida de la Biblia, la llamada *Vulgata*. Nos vemos obligados, pues, a analizar las vivencias de Marcela a través del prisma de este autor.[125] Por suerte, entre sus escritos pueden hallarse buen número de indicios que, unidos a otros datos procedentes del contexto histórico, ayudan a matizar muchas de las informaciones transmitidas por el célebre autor cristiano. Leyendo sobre Marcela, o sobre otras mujeres romanas de vida ascética con las que trabó amistad, sobre todo Paula, nos encontramos con un Jerónimo bastante alejado de la imagen de perfección que él mismo se encargó de construir alrededor de su persona. Ahí es donde hay que separar el grano de la paja, ahí es donde, en la medida de lo posible,

---

[125] La única excepción sería una breve mención a Marcela en uno de los escritos de Rufino de Aquilea (*Apología contra Jerónimo* I 19).

podemos analizar la biografía de Marcela más allá del punto de vista particular de su admirado amigo.[126]

Marcela nació en Roma, en el seno de una familia aristocrática en cuyo árbol genealógico no faltaban cónsules o prefectos del pretorio.[127] La pena es que Jerónimo, preocupado sobre todo por los aspectos religiosos de Marcela, no se tomó la molestia de entrar en detalles que hoy en día nos interesarían más. Sabemos, por algunas menciones breves en textos dispersos, que la madre de Marcela se llamaba Albina, pero no tenemos mayores indicaciones sobre sus orígenes familiares. En cuanto a su padre, ni siquiera consta su nombre; lo único que sabemos de él es que murió cuando Marcela era muy joven. Existe también una mujer llamada Asela, descrita en algunos pasajes como hermana de Marcela, pero no está claro si ese término indica una relación de parentesco o si es más bien una fórmula de tratamiento entre mujeres que compartían comunidad monástica.[128]

A una edad muy temprana, como solía ser costumbre en aquellos tiempos, se concertó el matrimonio de Marcela con un hombre cuya identidad, por desgracia, desconocemos por completo. Se sabe, eso sí, que el matrimonio fue breve, ya que el anónimo esposo de Marcela falleció siete meses después de la boda. Fue precisamente en ese momento, al convertirse en viuda, cuando Marcela empezó a manifestar su voluntad de renunciar a un nuevo matrimonio en pos de una vida consagrada a la religión. Este es un tópico literario muy habitual en la hagiografía tardoantigua y bizantina. ¿Hasta qué punto son informaciones veraces las que nos trasmite Jerónimo o se trata de la mera reutilización de un motivo bien atestiguado y propio de la narrativa hagiográfica? El autor lo ilustra con una curiosa anécdota que, de ser cierta, nos dice mucho sobre el carácter resolutivo de Marcela:[129] Neracio Cereal, personaje ilustre de

---

[126]   Bibliografía moderna consultada para este capítulo: Rebenich (2002); Cain (2009); Graves (2011); Consolino (1984); Laato (2014); Vihervalli (2022).

[127]   Jerónimo, *Ep*. 127.1. Gran parte de la información biográfica sobre Marcela procede de la carta 127, que Jerónimo envió a Principia en 412.

[128]   Jerónimo, *Ep*. 24.4-5. También Paladio (*Hist. Laus.* 41) habla de Asela, a la que describe como virgen y residente en un monasterio, pero sin relacionarla con Marcela, a la que no nombra.

[129]   Jerónimo, *Ep*. 127.2.

la época, estuvo cortejando a la joven viuda, atraído por su belleza, su juventud y la nobleza de su familia. La idea era del agrado de Albina, madre de Marcela, que veía con buenos ojos una unión tan ventajosa para su familia. Pero la joven, lejos de seguir los consejos maternos, respondió con estas palabras a su pretendiente: "Si yo quisiera volverme a casar, en vez de dedicarme a la castidad perpetua, elegiría un marido, no una herencia".[130] Imaginemos por un momento el bochorno que debió sentir su madre ante tanta franqueza por parte de su hija... Cereal intentó reconducir la situación, argumentando que a veces los hombres viejos viven más años que los jóvenes, a lo que ella contestó: "Un hombre joven puede morir joven, pero uno viejo no puede vivir muchos años".[131] Ahí terminó, según parece, la conversación y cualquier intento por parte de Cereal de continuar en su empeño.

De esta contundente manera entraba Marcela a formar parte de una tendencia que en aquellos tiempos empezaba a ganar adeptos, la de las viudas que se consagraban a la vida religiosa. Un ejemplo parecido lo tenemos en su contemporánea Melania la Mayor, de la que hemos hablado en el capítulo 4, pero encontramos otros en décadas posteriores. Este concepto de viudedad consagrada al cristianismo cuadraba muy bien con la mentalidad y los preceptos de los autores cristianos de la época, que daban la bienvenida a unas mujeres que, procedentes de las clases acomodadas, podían gestionar sus respectivos patrimonios de manera favorable a los intereses de la cristiandad. En esa época (segunda mitad del siglo IV), las comunidades monásticas femeninas no tenían una estructura y unas normas bien definidas; eso es algo que empezaría a desarrollarse a partir del siglo VI. Lo que encontramos en el caso de Marcela y sus coetáneas son comunidades asentadas en casas que eran propiedad de alguna de ellas, por ejemplo la que la propia Marcela tenía en la zona del Aventino, en Roma. Era una época de experimentación, en la que algunas mujeres enviudadas encontraban en el ámbito religioso una alternativa al modo de vida tradicional, que giraba exclusivamente en torno del matrimonio

---

[130] Jerónimo, *Ep.* 127.2: *si uellem nubere, et non aeternae me cuperem pudicitiae dedicare, utique maritum quaererem, non haereditatem.*

[131] Jerónimo, *Ep.* 127.2: *Iuuenis quidem potest cito mori, sed senex diu uiuere non potest.*

y la prioridad de engendrar hijos.[132] Hubo también otras mujeres, como Melania la Joven o Terasia, de la que hablaremos en el capítulo 8, que tomaron la decisión de renunciar al mundo después de la muerte de sus hijos. En un caso u otro, se estaba experimentando con nuevas opciones vitales en el marco de una estructura eclesiástica que estaba muy lejos de codificarse en esquemas rígidos. Desconocemos los detalles exactos que llevaron a Marcela y a otras mujeres a tomar una decisión tan radical; lo único que nos cuentan las fuentes, en este caso Jerónimo, es la vertiente religiosa de su decisión, pero es muy probable que entraran en juego otras motivaciones, que tan solo podemos imaginar, o conjeturar.

Cuando Jerónimo se presentó en Roma en otoño de 382, con su aureola de experto en las sagradas escrituras y su ardua experiencia durante años como asceta en el desierto de Siria -convenientemente exagerada por él mismo- Marcela llevaba años entregada a la vida religiosa. No es difícil imaginar que Jerónimo, que llegó acompañado de los obispos Paulino de Antioquía y Epifanio de Salamina, debió causar una viva impresión en Marcela y las demás mujeres de su grupo, entre ellas Lea, Asela, Paula, también viuda, y las hijas de esta. Permanecía aún en el recuerdo una visita anterior, la de Atanasio de Alejandría, que en uno de sus múltiples destierros recaló en Roma entre 339 y 346. Es probable que Marcela fuera demasiado joven entonces como para verse directamente influida por las enseñanzas de Atanasio, que entre otras cosas abogaba por el ascetismo como la vida cristiana más perfecta, pero el legado del obispo de Alejandría, uno de los adalides de la que posteriormente se convertiría en la ortodoxia cristiana, se dejó sentir en Roma y en otros lugares. En general, las principales tendencias que marcaron las formas de vida monástica tuvieron su origen en la parte oriental del Imperio, de donde se expandieron a otras latitudes. La admiración por el cristianismo de Oriente, sumada al deseo de visitar los santos lugares, es lo que en años sucesivos llevaría a algunas mujeres a emprender viajes con destino a aquellos lugares. Una de ellas fue Paula, amiga de Marcela, que partió rumbo a Palestina con su hija Eustoquia y el propio Jerónimo. Eso sí, rodeados de cierto escándalo, como veremos más adelante.

---

[132] Clark (2021: 80).

Jerónimo, al igual que Pelagio, Rufino y otros personajes destacados de la cristiandad de su época, tenían un especial interés por mantener contactos estrechos con las mujeres aristocráticas que mostraban inclinaciones cristianas, entre otras cosas por la estabilidad económica que ello les podía suponer.[133] Podríamos incluso hablar de una rivalidad entre ellos para convertirse en directores espirituales de las mujeres más notables. En el caso de Jerónimo, son evidentes sus esfuerzos por asociarse a Marcela, que era seguramente la figura más influyente entre los círculos de mujeres cristianas de la época. Se conservan diecinueve cartas de Jerónimo a Marcela escritas en el periodo 382-385, pero seguramente hubo muchas más. En la parte final de su *De Viris Illustribus*, escrito unos años después, Jerónimo hace un repaso a su propia obra, en el que menciona una colección de cartas dirigidas a Marcela, titulada *Ad Marcellam epistularum liber*. La existencia de este libro, que por desgracia solo conocemos por su título, indica una acción consciente por parte de Jerónimo para poner de relieve, de cara al público romano, su relación con Marcela, como un recordatorio del fluido intercambio de ideas entre ambos y de su poder de influencia. Pero la colección recogía solo cartas escritas por él, en las que destacaban las respuestas que Jerónimo daba a las preguntas que le hacía Marcela sobre cuestiones bíblicas y doctrinales. Falta el testimonio indispensable de las cartas de la propia Marcela, pero eso iba en contra de las intenciones de Jerónimo, y más aún de los esquemas mentales de la época en cuanto al papel de las mujeres en la sociedad.

Entre los elogios que Jerónimo dirigió a Marcela estaba el de considerarla la primera mujer de Roma que se convirtió a la vida monástica, un dato que en realidad es dudoso, pues se tienen noticias de casos anteriores a ella.[134] Pero este ensalzamiento de Marcela era útil para Jerónimo, cuyo prestigio se veía favorecido por el de su compañera de fatigas ascéticas. Otra incongruencia señalada por los especialistas es que, según Jerónimo, Marcela aprendió la práctica ascética de Atanasio y otros clérigos de Alejandría a su paso por Roma, pero eso choca con la cronología de esas visitas, tal como hemos comentado anteriormente. También es dudosa otra afirmación de Jerónimo, según la cual Pedro, sucesor de Atanasio

---

[133] Cain (2009: 91, 109).
[134] Cain (2009: 94); Graves (2011: 376).

como obispo de Alejandría, habría influido en la formación de Marcela como asceta. En cualquier caso, es cierto que la vida de Marcela y la de las mujeres de su círculo se regía por un régimen de vida muy riguroso y austero, tal como exigían los preceptos basados en la experiencia de ascetas célebres como Antonio (conocido como 'Antonio Abad' en el mundo hispanohablante), cuya biografía, escrita por Atanasio de Alejandría, se había convertido en un verdadero 'best-seller' desde su publicación en torno al año 360. Podemos decir que Jerónimo llegó a Roma en el momento adecuado, cuando estas formas de experiencia religiosa estaban en su apogeo, y eso le sirvió para hacerse un nombre y afianzar su posición: primero, por la influencia que, a través de mujeres como Marcela, ejercía en los ámbitos religiosos de carácter doméstico; segundo, por el apoyo que recibía del papa Dámaso I, para el que ejerció labores de secretario. Sin embargo, esta situación de bonanza empezaría a resquebrajarse en septiembre u octubre de 384, cuando se produjo un acontecimiento que supondría un antes y un después para el grupo de Marcela, y para el propio Jerónimo: la muerte de Blesila, hija de Paula, provocada posiblemente por un excesivo rigor en sus ayunos.[135] La noticia debió caer como un jarro de agua fría en la sociedad aristocrática de Roma, entre cuyos círculos, sin duda, la actitud vital de Marcela y su grupo de mujeres llevaba tiempo despertando todo tipo de recelos, entre otras cosas por cuestiones relativas al uso que se hacía de los bienes patrimoniales heredados de sus familias. Las críticas por la muerte de Blesila se centraron en Jerónimo, sobre quien, además, pesaba la sospecha de mantener con estas mujeres, sobre todo con Paula, relaciones que iban más allá del estricto marco religioso... Sobre estas acusaciones tenemos solo el testimonio del propio Jerónimo, que intentó exculparse con todo tipo de razonamientos, más o menos convincentes.[136] Dice, rizando los límites de la ironía, que de todas las mujeres de Roma, solo las que eran como Paula tenían poder para seducirlo,[137] pero no por los motivos habituales que pueden conducir al enamoramiento o la sensualidad, sino por lo estricto de su régimen de vida, por la pobreza de su existencia, por la rectitud de su conducta cristiana. Las acusaciones se exacerbaron cuando se supo que Paula tenía

---

[135] Jerónimo, *Ep.* 39.6. Véase Cain (2009: 102-105).
[136] Jerónimo, *Ep.* 45.
[137] Jerónimo, *Ep.* 45.3: *nulla fuit Romae alia matronarum quae meam posset domare mentem.*

la intención de irse a tierra santa en compañía de su hija Eustoquia y de Jerónimo. La muerte del obispo Dámaso en diciembre de 384 debilitó aún más la posición de Jerónimo, que se vio abocado a un juicio, seguramente en la jurisdicción episcopal, en el que debía responder por todas las acusaciones vertidas contra él. Una vez más, todo lo que sabemos de esos acontecimientos procede del relato del propio Jerónimo, que se defiende diciendo que todo esto no eran más que habladurías inventadas contra él por el hecho de que Paula hubiera decidido, después de la muerte de su hija Blesila, abandonar Roma -en compañía del propio Jerónimo, podríamos añadir-. Según A. Cain, detrás de estas acusaciones habría un trasfondo que iba más allá de cuestiones de conducta moral, y que tenía que ver con los intereses de la clase aristocrática romana, y de los familiares de Paula, ante la perspectiva de ver cómo una joven perteneciente a su clase se disponía a llevar a cabo un giro tan radical en su vida, poniendo en peligro, entre otras cosas, las posesiones familiares.[138]

Marcela, a diferencia de Paula, decidió permanecer en Roma; de hecho, pasaría en esa ciudad el resto de sus días. Según parece, la relación de amistad y colaboración que tenía con Jerónimo y Paula, establecidos en Palestina antes de final de año, no se vio alterada por las habladurías o los escándalos que los rodearon en su decisión de marcharse de Roma. Prueba de todo ello es la epístola 46 del catálogo de Jerónimo, enviada desde Belén en el año 386. A pesar de que en su encabezamiento consta explícitamente que la carta está escrita por Paula y Eustoquia a Marcela (*Paulae et Eustochiae ad Marcellam*), tradicionalmente se ha considerado que el autor del texto era el propio Jerónimo, según una serie de criterios que, a juicio de algunos historiadores, no son tan convincentes como se venía sosteniendo.[139] Yo he leído la epístola varias veces, en traducción a diversos idiomas, y he consultado el texto en su versión original latina. En todos esos casos, mi impresión es que, efectivamente, las líneas que forman el texto fueron escritas por ambas mujeres, o más bien por Paula. Es más que probable que Jerónimo interviniera de alguna manera en su redacción, y, en cualquier caso, el texto que conocemos atravesó probablemente un proceso de edición que fue llevado a cabo por el pro-

---

[138] Cain (2009: 110-114).
[139] Laato (2014).

pio Jerónimo, que estaría interesado en que su contenido se ciñera a sus parámetros ideológicos en materia religiosa. Pese a ello, sigo percibiendo en esta carta algo que la hace distinta del resto de su producción epistolar. El texto empieza con palabras muy tiernas hacia Marcela, que es descrita como el espejo en el que ambas mujeres se miran. Los elogios, así como la nostalgia por la amiga y maestra que se ha quedado en Roma, se convierten a continuación en un deseo concreto, en realidad una plegaria: que Marcela se una a ellas en Belén (*ut Marcellam nostram nobis reddas*).[140] A partir de ahí, guiadas por un sincero entusiasmo, las autoras de la carta describen con detalle todas las maravillas, de carácter cristiano, que han conocido de primera mano en tierra santa. Comentan, además, la gran cantidad de personas de todas partes que, atraídas por estos lugares, no dudan en hacer la larga travesía.[141] Más adelante, vuelven a insistir en su deseo de que Marcela emprenda un viaje similar: "¿Cuándo llegará ese momento bienaventurado en el que un viajero sin aliento nos traiga esta noticia: que nuestra querida Marcela acaba de arribar a las costas de Palestina (...)?".[142] Como decía, en esas palabras intuyo la voz personal de Paula y su hija, incluso en el hecho de que el nombre de esta figure como 'Eustochia', en femenino, en vez de la forma neutra 'Eustochium' que Jerónimo solía utilizar.[143] De ser así, esta epístola 46 del catálogo de Jerónimo podría considerarse un documento excepcional, porque no existen otros ejemplos de esta época en los que una mujer se exprese en términos tan personales.

En cualquier caso, los ruegos de sus amigas no hicieron efecto en Marcela, que permaneció en Roma el resto de su vida. Resulta imposible saber las razones que la llevaron a tal decisión, por la escasez de información al respecto, y sobre todo porque carecemos de la respuesta de Marcela a sus amigas, como ocurre con el resto de las innumerables cartas que escribió en su larga vida, algunas de ellas con destino a Belén. La

---

[140] Jerónimo, *Ep.* 46.1.

[141] Jerónimo, *Ep.* 46.10.

[142] Jerónimo, *Ep.* 46.13: *o quando illud tempus adueniet cum anhelus nuntium uiator adportet, Marcellam nostram ad Palestinae litus adpulsam (...)?*

[143] Este cambio del nombre se aplicaba ocasionalmente en casos como el que nos ocupa, en el que una joven era consagrada a la vida monacal desde bien niña, de manera que, en cierto modo, perdía de cara a la sociedad parte de los atributos que la identificaban como mujer.

podemos imaginar en su casa del Aventino, o en la residencia campestre donde estableció su retiro monacal, ocupada en sus comentarios bíblicos y en sus tareas como *grammatica*, pues eso era al fin y al cabo. ¿Echaba de menos a sus amigas? ¿Añoraba los viejos tiempos de armonía, unida a ellas por lazos tan difíciles de entender desde el exterior? ¿Pesaron en su decisión criterios teológicos, como el de mostrarse reticente a realizar el desplazamiento físico a tierra santa, por verlo como algo innecesario para su experiencia religiosa? Sencillamente, no lo sabemos. A partir de ese momento, cualquier referencia personal a Marcela desaparece del registro epistolar, en el que solo salen a relucir cuestiones muy concretas de análisis bíblico. Perdemos el rastro de la persona; nos quedamos solo con la parte de realidad que Jerónimo quiso poner en evidencia, entre otras cosas para asegurarse que su reputación quedaba salvaguardada en Roma en ausencia suya. Tan solo en una ocasión reaparece Marcela en el relato escrito. Y es en los últimos compases de su vida, en el año 410.

Nos situamos de nuevo en la *Ep.* 127, que es la que más detalles aporta sobre la vida de Marcela. La carta está datada en el año 412, y su destinataria es Principia, una mujer que compartió vida monástica con Marcela. Lo curioso de la carta es que en ella Jerónimo, además de hacer un elogioso y sentido repaso a la trayectoria vital de Marcela, le narra a Principia un suceso de suma gravedad en el que se vieron involucradas ambas mujeres. Se rompe aquí, imagino, alguna máxima comunicativa. ¿Por qué le cuenta a la destinataria un relato que la propia destinataria conoce a la perfección? Supongo que en todo esto pesa la tarea de edición de Jerónimo, que en vistas a la publicación de la carta en algún volumen de su obra epistolar optaría por incluir el relato propiamente dicho, tal como se lo habría relatado Principia. Incoherencias textuales aparte, el relato viene a decir lo siguiente: la violencia desatada por el saqueo de Roma no tardó en llegar a casa de Marcela; no a la *domus* urbana del Aventino, sino a otra situada en el campo, donde Marcela y Principia llevaban una vida retirada.[144] Cuando los soldados godos entraron en la propiedad, le preguntaron a Marcela dónde estaban sus riquezas, y ella les contestó que repararan en la ropa humilde que llevaba puesta. Una respuesta valiente

---

[144] Jerónimo, *Ep.* 127.8: *Suburbanus ager uobis pro monasterio fuit, et rus electum propter solitudinem.*

que, sin embargo, no debió impresionar mucho a los godos, que la emprendieron a golpes con ella. Lejos de amedrentarse, Marcela se arrojó a los pies de los asaltantes implorándoles que, al menos, respetaran a la joven Principia. Según el relato de Jerónimo (o más bien de Principia), dios ablandó el corazón de los atacantes, que cesaron en su actitud violenta. Tal es así que condujeron a la malherida Marcela y a Principia a la basílica del apóstol Pablo, donde pudieron encontrar refugio.[145] Lo siguiente que sabemos de Marcela es que, unos meses más tarde, falleció.[146]

Hasta aquí la biografía de Marcela, o al menos lo que los testimonios escritos, todos ellos pertenecientes al catálogo de obras de Jerónimo, dejan traslucir. Una vida que pudo ser otras muchas vidas, que pudo haber derivado en un viaje a otras tierras y todo un mundo de sensaciones y vivencias que en realidad nunca conoció. Recluida en su existencia solitaria y monótona, el final de sus días vino marcado por un último golpe procedente de un mundo al que ella había renunciado tiempo atrás.

---

[145] El hecho de que fueran llevadas a la basílica de san Pablo, situada extramuros, serviría como confirmación adicional de que ambas mujeres residían en el campo, y no en la ciudad.

[146] Algunos manuscritos hablan de 'días' (*post aliquot dies*) en vez de 'meses' (*post aliquot menses*). Rebenich (2002: 129, n. 85).

7. URSA, RESTITUTA Y OTRAS MUJERES

Agrupo en este capítulo a varias mujeres de las que tenemos poca información; en algunos casos ni siquiera conocemos su nombre, algo habitual cuando se estudia este periodo histórico. Tienen en común que su experiencia vital se vio afectada, en mayor o menor grado, por el saqueo de Roma, de ahí su inclusión en el libro. Empezamos con un extraño caso: el de las dos mujeres que, según decían, estaban casadas con el mismo hombre.

URSA Y RESTITUTA

Las conocemos por una carta breve del papa Inocencio I que narra el peculiar conflicto que las enfrentaba. Una mujer llamada Ursa había pasado un tiempo en cautividad, después de un gran trastorno causado por los bárbaros (*conturbatio procellae barbaricae*); al volver a casa, se encontró con una desagradable sorpresa: su marido, Fortunio, se había casado con otra mujer, de nombre Restituta.[147] La carta fue redactada en fecha desconocida, pero es lógico pensar que, teniendo en cuenta el periodo en el que Inocencio I fue obispo de Roma (401-417), esa "tormenta barbárica" de la que habla podría corresponderse con los acontecimientos de 410, que afectaron de manera muy directa a los habitantes de Roma, hasta el extremo de que algunos de ellos, incluida Gala Placidia, salieron de la ciudad como cautivos. El destinatario es un tal *Probus*, de identidad también desconocida, al que Inocencio califica de *illustris*, un apelativo que indica el elevado estatus del personaje; algunos historiadores modernos

---

[147] Celestino I, *Ep.* 36. Para un estudio detallado de la carta y sus circunstancias, véase Dunn (2007) y Sessa (2001).

han sugerido que podría tratarse de Anicio Petronio Probo, del que hablé en el capítulo 2, pero no hay pruebas determinantes que lo confirmen.[148] Tampoco sabemos con certeza por qué Inocencio le envió la carta a Probo, o en qué sentido el destinatario estaba relacionado con estos hechos.

El problema para Ursa es que, en este caso, la legislación romana iba en contra de sus intereses. El criterio que se aplicaba, según el *ius postliminii*, era el siguiente: cuando una persona volvía de la cautividad, automáticamente recuperaba su condición de ciudadano o ciudadana, así como todas sus propiedades y todos sus derechos civiles, pero en caso de estar casado o casada con anterioridad a los hechos, el matrimonio quedaba anulado. Existía la posibilidad de reactivar la validez del matrimonio, pero solo si los dos contrayentes estaban de acuerdo.[149] Pero parece que Fortunio no tenía mucha intención de divorciarse de su actual esposa para volver con Ursa, de ahí el conflicto.

Es probable que Ursa, en vista de que no iba a conseguir nada por la vía de la justicia civil, intentó como último recurso apelar a la justicia eclesiástica, personificada en este caso en la figura del obispo de Roma. Hay que recordar que en esta época el derecho canónico no estaba apenas desarrollado, y que la institución del matrimonio continuaba siendo, a grandes rasgos, un contrato civil. Es cierto que las autoridades de la iglesia tenían, entre sus atribuciones, la de administrar justicia, pero solo en cuestiones que afectaran a la conducta moral de los cristianos, además de asuntos internos relacionados con el clero.[150] Lo que Inocencio I pudiera dictaminar en este caso iba a tener pocas repercusiones en la esfera legal, pero el hecho de que Ursa recurriera a su dictamen demuestra que, al menos para ella, y seguramente también para su entorno familiar y social, lo que pudiera decir el obispo era relevante.

La respuesta de Inocencio fue la que cabía de esperar de alguien que, desde su posición de obispo, tenía el deber de aplicar la doctrina cristiana: el matrimonio entre Fortunio y Ursa estaba sancionado por la ley divina,

---

[148] Sobre la posible identidad de *Probus*: Dunn (2007: 109-110).
[149] Sessa (2001: 412-416).
[150] Cain (2009: 115-116).

y por tanto era el único que tenía validez, ya que la primera esposa (Ursa) seguía con vida y, además, no mediaba divorcio alguno que hubiera terminado previamente con el matrimonio.[151] Como vemos, Inocencio intenta articular una respuesta desde la perspectiva cristiana, aunque no puede evitar entrar en terrenos complicados, como esa referencia al divorcio que, en principio, no tendría un encaje claro en términos doctrinales cristianos. Estamos muy lejos aún de la codificación del matrimonio cristiano como institución civil; de hecho, el caso de Ursa es probablemente el primer ejemplo que conocemos de intervención episcopal en estos asuntos. El primero de muchos más que vendrían en el futuro.

Como vemos, Ursa obtuvo la respuesta, o el respaldo moral que buscaba. Lo que no sabemos es qué ocurrió a continuación. ¿Cómo reaccionó Fortunio ante el dictamen del obispo? ¿En qué medida Probo, el destinatario de la misiva, tuvo algún tipo de facultad para influir en los acontecimientos posteriores? Estamos aquí ante un bonito argumento para una novela, en el que la principal duda queda aún por resolver: ¿se divorció Fortunio de Restituta? ¿Volvió con Ursa? ¿O por el contrario se mantuvo al lado de la mujer con la que estaba legalmente casado? Imaginemos por un momento las implicaciones personales de estas decisiones. Imaginemos a Ursa, de vuelta en Roma después de un largo tiempo, quizá años, en manos de los bárbaros, ilusionada con retomar su vida en libertad. Su primer objetivo, quizá llevada por la inercia de su vida anterior, fue el de recuperar su matrimonio, pero seguramente, ante la evidencia consumada y la legislación vigente en materia conyugal, no le quedaría más remedio que explorar otras vías para rehacer su vida. ¿Cuáles fueron esas vías? ¿Qué fue de ella? ¿Cómo reconstruyó su vida en una ciudad que se iba recuperando de sus heridas?

Otra duda que me surge es la siguiente: durante el tiempo que duró su cautiverio, Ursa debió conocer a otras personas procedentes de Roma que habían corrido su misma suerte; entre ellas podría estar Gala Placidia. ¿Entraron en contacto ambas mujeres? ¿Tuvieron al menos alguna conversación? Es probable que la diferencia de estatus entre ambas no

---

[151]   Celestino I, *Ep.* 36: (...) *statuimus, fide catholica suffragante, illud esse conjugium, quod erat primitus gratia divina fundatum; conventumque secundae mulieris, priore superstite, nec divortio ejecta, nullo pacto posse esse legitimum.*

favoreciera este tipo de encuentros, pero quizá los hubo. ¿Quién sabe?

UNA VIRGEN ANCIANA

En su obra *Historiae adversus paganos*, escrita pocos años después del saqueo de Roma, Orosio incluía un episodio bastante poco creíble ambientado en esos sucesos.[152] Aquí tenemos el resumen: un fornido soldado godo, descrito como cristiano, entra en una casa religiosa (*ecclesiastica domo*) de la ciudad y allí pregunta a una anciana virgen dónde guardan el oro y la plata. Esta accede a su demanda, y le entrega una colección de vasos de gran valor y belleza, pero con una advertencia: estos eran objetos consagrados al apóstol Pedro (*Petri apostoli sacra ministeria*); si el soldado se los llevaba, tendría que acarrear las consecuencias de su acto impío. El godo, temeroso ante esas palabras, da aviso a Alarico, que inmediatamente ordena que los vasos sean devueltos a su lugar de origen, la basílica del apóstol. Además, con todos los honores. El traslado se convierte en una verdadera procesión a lo largo y ancho de la ciudad en la que godos y romanos, unidos por un mismo sentimiento religioso, cantan himnos en perfecta armonía, formando una escena de claras connotaciones bíblicas.[153] Así concluye el relato de Orosio; nadie diría que unas horas antes esos mismos godos campaban a sus anchas por la ciudad dedicándose al pillaje...

El relato, posiblemente inventado, le sirve a Orosio para subrayar el principal hilo conductor de su obra: la idea de que las desgracias acaecidas a los romanos desde que se convirtieron al cristianismo son mucho menores si las comparamos con las calamidades de épocas pasadas, por ejemplo el saqueo de Roma por parte de los galos en 386 a.e.c. Según el autor, las calamidades continúan, porque son enviadas por dios como castigo por los pecados de los humanos, pero las cosas han cambiado; la humanidad va por el buen camino, el de la salvación cristiana.[154] Orosio se esfuerza especialmente por minimizar los efectos del reciente saqueo

---

[152]   Orosio, *Hist. Ad. Pag.* VII 39.3-14.
[153]   Véase Leonard (2022: 270-279) para un análisis detallado de los ecos bíblicos que aparecen en el relato.
[154]   Sobre la concepción teológica de la historia en Orosio, véase Fear (2010: 1-25) y Leonard (2022: 256-280).

de los godos para recalcar que, en esta ocasión, el hecho de que Alarico y los suyos fueran cristianos ayudó a suavizar las consecuencias negativas de sus acciones, un enfoque que también aplicó en su tratamiento de algunos acontecimientos anteriores, como la derrota de Radagaiso en Faesulae.[155] Orosio y otros autores cristianos de la época, como Agustín, se veían en la necesidad de justificar el hecho de que una ciudad cristiana como Roma hubiera sufrido semejante desastre. Agustín, que vivió los hechos desde la distancia (era obispo de Hipona, en África) intentó interpretarlos, a través de sus homilías, y sobre todo de su obra *De civitate Dei*, siguiendo un esquema interpretativo de hondo calado que se convirtió en todo un referente teológico en siglos posteriores; su principal objetivo era rebatir las críticas al cristianismo procedentes de los sectores paganos de la sociedad romana. Orosio, que en el prefacio de su obra dice haberla escrito por mandato de Agustín, con la idea de adherirse a sus postulados, en realidad se distancia de él de manera fundamental. Lo que hace es escribir una extensa historia universal con el principal objetivo de justificar su tesis personal sobre lo ocurrido en Roma en 410 (*vid. supra*). Igual que en el caso de Agustín, la obra alcanzó una gran popularidad en épocas posteriores, hasta el extremo de convertirse en el texto histórico de referencia hasta prácticamente el comienzo de la época moderna. Como vemos, los acontecimientos de 408-410, por el enorme impacto que supusieron en la sociedad romana de la época, y el alto grado de ansiedad e inquietud que causaron entre una población en la que aún había importantes elementos paganos, provocaron una serie de respuestas en forma de obras eruditas que se convirtieron en referentes fundamentales.

En este contexto, la introducción del relato de la virgen anciana le sirve a Orosio como instrumento para ilustrar su mensaje. ¿Ocurrió en realidad algo parecido? ¿Existieron esos vasos de oro y plata que eran custodiados por tan venerable señora? Un par de siglos más tarde, Isidoro de Sevilla (hispano, igual que Orosio), recogía el relato de este, pero en una versión más realista, sin el improbable coro celestial de godos y romanos cantando por las calles de la ciudad.[156] Da la impresión de que Isidoro, al leer el relato tal como lo narraba Orosio, se dio cuenta de los elementos

---

155 Wijnendaele (2016).
156 Isidoro de Sevilla, *Hist. de reg. Goth., Vand. et Suev.* XI 16.

87

inverosímiles que lo adornaban y decidió eliminarlos en su propia versión de los hechos.

La historia de la anciana tiene elementos en común con la de los últimos momentos de Marcela, tal como los narra Jerónimo.[157] Entra dentro de lo posible que Orosio, que conoció a Jerónimo en persona y pudo tener acceso al texto de la carta, decidiera reelaborar el episodio para hacerlo más apropiado a su propio discurso histórico/teológico, sin que debiera preocuparle mucho el hecho de modificar a voluntad algunos de sus elementos.[158] Lo que en Jerónimo tiene apariencia de verosimilitud, en el contexto de una carta dirigida a una de las protagonistas del propio episodio (Principia), en Orosio se convierte en una historia con elementos propios de la ficción. Una tendencia similar puede observarse en Sozómeno, que en su *Historia Eclesiástica* nos cuenta un episodio de tintes martiriológicos en el que una mujer, devota cristiana, es atacada por un soldado godo que pretende violarla. La mujer ofrece su cuello a la espada del agresor, prefiriendo morir antes que perder su honra, pero una milagrosa acción divina hace que los golpes de la espada resulten inocuos. El soldado, admirado ante tal milagro, conduce a la mujer a la basílica del apóstol Pedro, aportando un cuantioso donativo (seguramente robado con anterioridad) para su protección.[159] Tenemos aquí otra versión enrevesada de la historia originaria, revestida con elementos propios de las narraciones de mártires, tema habitual en las historias eclesiásticas. ¿Existe alguna verdad en estos relatos? ¿Son estas mujeres la misma, es decir, Marcela? En cualquier caso, los elementos desdibujados, altamente ilusorios, que vemos en Orosio y Sozómeno nos sirven para recordar que a menudo la presencia de mujeres en los testimonios escritos de la Antigüedad tardía responde a la necesidad de corroborar los presupuestos ideológicos o las necesidades narrativas del autor. Pero siempre podemos rascar en la superficie e intentar que aflore algo que, al menos, tiene apariencia de realidad histórica, en este caso lo sucedido a Marcela en sus

---

[157] Véase Cap. 6.

[158] Leonard (2022: 272): "Orosius's *virgo Christi*, the figure of central importance in his version of the sack, is in fact Marcella"; trad. del autor: "La *virgo Christi* de Orosio, figura de importancia central en su versión del saqueo, es de hecho Marcela".

[159] Sozómeno, *Hist. Ecl.* IX 10.

últimos días. Por otro lado, estos episodios reflejan una cruda realidad: la de la violencia sexual contra las mujeres asociada a las acciones bélicas.[160]

DOS GODAS ANÓNIMAS

En general, las fuentes antiguas del periodo tardorromano, en sí mismas escasas en detalles históricos, prestan poca atención a los personajes femeninos; de ahí, en muchas ocasiones, la dificultad de construir biografías coherentes y completas, incluso en el caso de mujeres pertenecientes a la familia imperial, que están mejor documentadas que el resto. El problema se agudiza cuando salimos de la esfera romana y nos adentramos en la de los pueblos bárbaros. Sabemos, por ejemplo, que Alarico estaba casado con una hermana de Ataúlfo, y que ese vínculo, destacado por muchos autores antiguos, estaría en la base de la alianza establecida entre ambos.[161] Sin embargo, ninguno de esos autores se tomó la molestia de mencionar su nombre, o de explicar de alguna manera cómo y cuándo se fraguó tan importante unión matrimonial. Tampoco consta que la pareja tuviera descendencia, lo cual es indicativo, probablemente, de que no tuvieron hijos varones, o al menos que llegaran a edad adulta. Pero existe al menos un testimonio indirecto del poeta Sidonio Apolinar, que permite deducir la existencia, al menos, de una hija de Alarico. En una breve mención en el poema 7, Sidonio pone en boca del rey visigodo Teodorico II (r. 453-466) el importante detalle histórico de que era nieto de Alarico. De ser cierto el dato, habría que suponer que una hija de este, de nombre desconocido, se casó con Teodorico I, padre de Teodorico II. Tampoco estaría claro, por otro lado, si la madre de esa supuesta hija de Alarico era la hermana de Ataúlfo (de nombre también desconocido) o si era fruto de otro matrimonio de Alarico del que no existen noticias. Como vemos, se amontonan las mujeres anónimas en un relato histórico que, prácticamente, ignora a las mujeres.

Por otro lado, se sabe que Ataúlfo, antes de su matrimonio con Gala Placidia, tuvo al menos otra esposa. Esta mujer, también anónima, es

---

[160]   Vihervalli (2022).
[161]   Olimpiodoro, fr. 10; Filostorgio, *Hist Ecl.* XII.4; Orosio, *Hist. Ad. Pag.* VII 40.2; Marcelino *comes*, *Crónica* s.a. 410; Zósimo, *Hist. Nova* V 37.1; Sozómeno, *Hist. Ecl.* IX 8.2.

mencionada por Olimpiodoro en el contexto de los terribles aconteci-mientos que tuvieron lugar en Barcelona en 415, sobre los que se hablará en el capítulo 9. En ese texto se mencionan, además, los hijos que tuvo la pareja.

A menudo, cuando estudiamos un fenómeno histórico como el saqueo de Roma de 410 lo hacemos desde la óptica romana, que es la que cuenta con mejor documentación histórica, además de constituir un esquema interpretativo habitual en la historiografía occidental. Desde esta perspec-tiva, al hablar de mujeres afectadas directamente por el saqueo de Roma, lo primero que nos viene a la mente son las romanas que lo padecieron en persona. Pero también sería interesante situarse en el otro lado, el de las mujeres que durante años se vieron abocadas a una existencia preca-ria mientras los caudillos militares godos intentaban dirigir a sus pueblos hacia lugares de promisión. Estas mujeres no serían ajenas a las preocu-paciones y ansiedades de una vida tan insegura, en la que, entre otras cosas, tendrían que dar a luz y criar a sus hijos en lugares insospechados, en circunstancias peligrosas, cambiantes. Ellas también, desde su lado de la historia, sufrieron las consecuencias de los mismos procesos que deter-minarían la vida de tantas mujeres romanas. Pese a su anonimato, merece la pena mencionarlas en este libro.

8. TERASIA

Terasia estaba casada con Paulino, pero su matrimonio se había transformado en una unión espiritual consagrada a la religión cristiana y la abstinencia sexual, en la que ambos cónyuges se trataban como hermano y hermana. Las fuentes los sitúan primero en Complutum (actual Alcalá de Henares), luego en Barcelona, y finalmente en Nola, ciudad de Campania, a donde llegaron en verano de 395. Su vida apacible en aquella fértil llanura al norte del Vesubio se vio sacudida en verano de 410 cuando Alarico, después de saquear la ciudad de Roma, trasladó sus fuerzas a Lucania y Campania. Entre las ciudades saqueadas por los godos estaba Nola; lo sabemos por el testimonio de Agustín, que además añade el dato de que Paulino, conocido generalmente como Paulino de Nola después de convertirse en obispo de la ciudad, sufrió de manera muy directa las consecuencias del ataque, como veremos más adelante. Por desgracia, tenemos pocos datos sobre Terasia en comparación a los de Paulino y ni siquiera sabemos con certeza si continuaba con vida cuando Alarico alcanzó la región de Campania; algunas fuentes hacen referencia a ella en torno al año 408, pero a partir de ahí su rastro desaparece por completo.[162] Así pues, es imposible determinar con certeza si Terasia experimentó

---

[162] Paulino, *carm.* 25; Agustín, *Ep.* 95. Según D. Trout (1999: 120), siguiendo a P. Fabre, la muerte de Terasia podría haberse producido en algún momento entre los años 408-415, pero se trata de una hipótesis basada en datos poco seguros.

en persona los dramáticos sucesos de aquel verano en el que ocurrió lo impensable. Pero a pesar de las dudas, he decidido hablar de ella en este libro, sobre todo por una razón: porque su historia merece ser contada.[163]

¿Quién era Terasia? Los pocos datos biográficos que disponemos sobre ella proceden en su mayoría de la obra de su marido, que entre otras cosas era un poeta de renombre. Son referencias breves, dispersas, más propias de una motivación literaria que de una voluntad documental, pero al menos sirven para rellenar un poco el vacío. Sabemos que Terasia era natural de Hispania, pero desconocemos su año o localidad de nacimiento, así como cualquier detalle sobre su entorno familiar, más allá del hecho de que, al igual que Paulino, pertenecía a la clase terrateniente, con posesiones en diferentes lugares de Hispania. Entre ellos estaba Complutum, donde se sitúa uno de los episodios más trascendentales en la vida de la pareja, la muerte de su hijo recién nacido. El hecho de que Paulino y Terasia residieran por aquel entonces en Complutum podría indicar que, tal vez, Terasia era natural de esa ciudad.

Paulino, en cambio, procedía de Aquitania, región situada al suroeste de la Galia. En una fecha indeterminada, que podríamos situar entre los años 383 y 389, Paulino dejó su Aquitania natal para desplazarse a Hispania, donde se llevaron a cabo las nupcias con Terasia.[164] Desconocemos en qué momento o en qué circunstancias se produjo el compromiso matrimonial, tampoco las razones por las que Paulino, en sus propias palabras, decidió visitar a los 'iberos'. ¿Se conocían Paulino y Terasia antes de ese viaje? ¿Estaba fijado de antemano su matrimonio? Imposible saberlo con certeza. Después de la boda, los recién casados se desplazaron a Aquitania, donde fijaron su residencia por un tiempo. Lo siguiente que sabemos es que, en 389, se mudaron de manera permanente a Hispania, con mucha probabilidad a Complutum. ¿Cuáles fueron los motivos que condujeron a tal decisión? En una de sus cartas, escrita en 395, Paulino hace una fugaz referencia a unas falsas acusaciones que habían sacudido su vida, aunque resulta difícil establecer con claridad a qué época se refieren;[165]

---

[163]   Bibliografía sobre Paulino y Terasia: Trout (1999); Brown (2012: 185-240); Wieser (2016: 6-12).

[164]   Paulino, *carm.* 21, 395-400.

[165]   Paulino, *Ep.* 5.4: (...) *postea denique ut a calumniis et peregrinationibus requiem capere visus sum* (...).

en un poema del año 407 menciona la muerte violenta de su hermano, sucedida años atrás en circunstancias no aclaradas, así como una serie de problemas que afectaban a las propiedades de su familia.[166] Son datos que podrían servir para intentar entender la decisión, a primera vista sorprendente, de mudarse a Hispania, pero insuficientes para establecer un contexto claro, o una sucesión cronológica coherente. También puede ser útil analizar la información, relativamente abundante, que tenemos sobre Paulino durante el periodo anterior a su boda con Terasia, en el que desempeñó una serie de cargos públicos que pueden seguirse sin mayor dificultad.[167]

Nacido antes de 355, quizá en 352/353, la carrera de Paulino tuvo un ascenso meteórico desde su inicio; el detalle más llamativo es su nombramiento como cónsul *suffectus* en algún año del periodo 376-378, a pesar de su juventud. En esto quizá pudo influir el hecho de que Ausonio, su antiguo maestro en Burdigala (actual Burdeos), ocupaba una posición de privilegio en la corte de Tréveris, a donde había ido para hacerse cargo de la educación de Graciano, hijo de Valentiniano I y futuro emperador. En el año 380, o 381, fue nombrado gobernador de Campania, un cargo que sin duda reforzó sus vínculos con Nola y su territorio, donde la familia de Paulino tenía propiedades. Siendo un niño, Paulino tuvo la oportunidad de visitar, en la ciudad de Nola, el lugar en el que estaba enterrado el mártir Félix, una experiencia que sin duda le causó una fuerte impresión, y que, como veremos, iba a marcar futuras decisiones en su vida. Poco tiempo después, en 383/384, Paulino decide volver a Aquitania; desde ese momento, no se conoce ningún otro nombramiento oficial, por lo cual cabe deducir que, a pesar de su edad relativamente temprana, su decisión era la de retirarse a alguna de sus propiedades para dedicarse a la gestión de sus bienes y, básicamente, a la ocupación favorita de las personas de su clase: el *otium*. En su caso, existía una especial predilección por la producción literaria. Este es el Paulino que, por razones poco claras, decidió irse a Hispania a casarse con Terasia.

---

[166] Paulino, *carm.* 21, 415-422.
[167] Trout (1999: 273-287).

Su dedicación a la poesía era tal que incluso mantenía correspondencia en verso con algunas de sus amistades. Se conservan un buen número de esas cartas, entre ellas dos que envió a su antiguo maestro y mentor, Ausonio, y algunas de las que el viejo profesor, unos cuarenta años mayor que Paulino, le envió a él. Este conjunto epistolar es un extraordinario documento literario y vital, que ha despertado el interés de los especialistas a lo largo del tiempo. No es posible analizarlo en detalle en este libro, pero intentaré mencionar algunos de sus aspectos más destacados, sobre todo los que tienen que ver con Terasia.

Las primeras cartas de Ausonio tratan sobre asuntos poco trascendentes; se insertan en el contexto de vida regalada de la sociedad aristocrática, cuyos miembros, al menos en el caso de Paulino y Ausonio, quieren mostrar sus habilidades como poetas y su erudición.[168] Pero en las tres siguientes el tono cambia por completo.[169] El viejo profesor se queja de que su amigo no contesta a sus cartas, a pesar de la larga amistad que los une. Se pregunta, desesperado, a qué se debe el silencio, y apunta una posible causa: "(…) si temes, Paulino, ser traicionado y te asusta el castigo de nuestra amistad; que tu Tanaquil nada sepa de esto".[170] Esa 'Tanaquil' no es otra que Terasia, esposa de Paulino. De una manera indirecta, Ausonio está culpabilizando a Terasia del cambio de actitud de su antiguo discípulo, que parece haber perdido el interés por mantener viva la amistad que tanto los unió en el pasado. Lo hace con una sutil referencia a Tanaquil, una mujer del acervo histórico/legendario de Roma, célebre por haber ejercido una influencia determinante sobre su marido, que acabaría convirtiéndose en rey con el nombre de Tarquinio Prisco. La referencia, sin duda, no podía pasar desapercibida a Paulino, ni tampoco dejarlo indiferente. Es curioso, por cierto, que esa crítica indirecta a Terasia sea, cronológicamente, la primera mención a ella en las fuentes conservadas... Tras un largo periodo de silencio, Paulino contestó por fin a su viejo profesor; se conservan dos cartas suyas en verso en las que le explica

---

[168] Ausonio, *Ep.* 23-26. Utilizo la numeración de la edición de White (1921).

[169] Ausonio, *Ep.* 28, 29 y 27.

[170] Ausonio, *Ep.* 28.30-31. Trad. de Alvar Ezquerra (1990: 275). Texto original: *si prodi, Pauline, times nostraeque vereris / crimen amicitiae; Tanaquil tua nesciat istud.*

a Ausonio el porqué de su nueva vida.[171] La razón es sencilla: su prioridad estaba ahora en experimentar la vida cristiana junto a su esposa, a la que defiende utilizando otro símil legendario, de carácter bien distinto. La llama 'Lucrecia', en recuerdo de la matrona romana cuya trágica historia, situada también en el periodo de la Roma monárquica, la había convertido en un ejemplo de conducta virtuosa.[172] Si Tanaquil era una mujer célebre por sus maquinaciones, que la hacían comportarse en una esfera que, por ser mujer, no le correspondía según los esquemas mentales de la época, Lucrecia, la esposa de Colatino, era la perfecta matrona romana, madre ejemplar y esposa modelo de acuerdo con los valores tradicionales de la sociedad romana. Por defender su honra y la de su familia, Lucrecia decidió quitarse la vida después de ser violada por el hijo del último rey de Roma, Lucio Tarquinio, en un episodio que entre otras cosas buscaba un efecto dramático para ensalzar los acontecimientos políticos de la época: el derrocamiento de la monarquía y el establecimiento de la república. Como vemos, Paulino replica a Ausonio entrando en el mismo juego de referencias y el mismo tipo de lenguaje poético; de alguna manera, está poniendo de manifiesto que, a pesar de la distancia y de los reproches más o menos disimulados que se han dirigido el uno al otro, sigue habiendo un terreno común, además de una amistad que pese a todo perdura. Firme en sus nuevas convicciones, Paulino intenta mantener un tono amable con Ausonio, quizá consciente de su avanzada edad. De hecho, Ausonio fallecería pocos años después de este intercambio epistolar, en torno al 395. Pero en realidad, sus palabras creaban una distancia insalvable entre ambos, la que separa dos mundos completamente diferentes: por un lado el de la aristocracia romana tradicional, representada por Ausonio y el Paulino de antes; por otro, el del cristianismo entendido en su versión más radical, el de la vida entregada a la práctica religiosa.

¿Qué es lo que llevó a Paulino y a Terasia a dar un giro tan sorprendente a sus vidas? Es imposible saber quién de los dos tomó la

---

[171] Paulino, *carm.* 10 y 11.

[172] Paulino, *carm.* 10, 191-192: (...) *non anxia Bellerophontis / mens est nee Tanaquil milii, sed Lucretia coniunx*. La versión más conocida, y más antigua, de la historia de Lucrecia es la de Tito Livio (*Ab Urbe Condita* I 57-58), pero el tema fue tratado por otros autores romanos en épocas posteriores, como Ovidio; también lo encontramos en contextos cristianos, como vemos en la referencia de Paulino de Nola o en la obra de Agustín de Hipona (*De civitate Dei* I 19).

iniciativa para tomar tal decisión. En general, las fuentes se centran sobre todo en Paulino, siguiendo el canon habitual de la época que prima el protagonismo masculino; cuando mencionan a Terasia lo hacen como alguien que lo acompañó en sus decisiones. Un ejemplo lo tenemos en Ambrosio de Milán, que ni siquiera la menciona por nombre: *Matrona quoque virtuti et studio eius proxime accedit, neque a proposito discrepat.*[173] Pero quizá su papel fue más relevante de lo que podría pensarse, entre otras cosas por un detalle importante de la biografía de ambos: en un momento indeterminado del periodo 389-394, se produjo la muerte en Complutum de Celso, el hijo de la pareja, que había nacido ocho días antes. Celso fue enterrado "junto a los mártires de Complutum",[174] en evidente referencia a Justo y Pastor, cuyo culto en la ciudad complutense está atestiguado en época antigua, como vemos en los versos del hispano Prudencio.[175] Imaginemos por un momento el dolor que debieron sentir Terasia y Paulino en medio de un drama familiar que recuerda al que vivieron Melania la Joven y Piniano ante la muerte de sus dos hijos, como vimos en el capítulo 4. Parece obvio que, en ambos casos, la pérdida se sitúa como paso previo a la decisión de adoptar una vida religiosa. Como vimos en el caso de Melania la Joven, fue ella quien tomó la iniciativa de reconducir su vida y la de su marido hacia un modelo de matrimonio espiritual. Probablemente tuvieron en mente el ejemplo de Paulino y Terasia, a los que les unía una relación de amistad, y cabe la posibilidad, como mera hipótesis, de que la manera de actuar de Melania pudiera estar inspirada en algún tipo de comportamiento de Terasia, pero no hay manera de establecer de manera segura ese posible paralelismo entre las dos mujeres. De hecho, da la impresión de que fue Paulino el que inspiró la siguiente decisión de la pareja: desplazarse a Barcelona, con la idea de continuar viaje hasta Nola. De todos modos, lo más lógico es pensar que se trató de una decisión conjunta, y que las circunstancias de la muerte de Celso tuvieron mucho que ver en ello. Otro detalle a tener en cuenta es que los matrimonios célibes, que tan difícil encaje tenían entre los principios eclesiásticos

---

[173] Ambrosio, *Ep.* 58.2. Trad. del autor: "También la esposa [Terasia] se adhiere a su virtud y su afán, sin discrepar de los propósitos de su marido".

[174] Paulino, *carm.* 31, 607-608: *quem Conplutensi mandavimus urbe propinquis / coniunctum tumuli foedere martyribus.*

[175] Prudencio, *Peristephanon* IV 41-44: *sanguinem Iusti, cui Pastor haeret / ferculum duplex geminumque donum / ferre Complutum gremio iuvabit / membra duorum.*

que empezaban a establecerse con firmeza en esa época, podían en cierto modo resultar atractivos para las mujeres, por el hecho de situarlas en un horizonte vital novedoso, más allá de los estrechos márgenes de la vida matrimonial al uso, en la que se veían supeditadas sin género de dudas a un papel secundario. Teniendo en cuenta la mentalidad de la época, no es de extrañar que el experimento de los matrimonios célibes no tuviera mucha implantación frente al modelo que acabaría imponiéndose: el de una vida monástica basada en una separación estricta entre los géneros.[176] Terasia y Paulino eran, pues, una excepción. Entre otras cosas por el hecho insólito de que personas de tan alta alcurnia y con patrimonios tan inmensos decidieran renunciar a gran parte de sus riquezas y a su antiguo modo de vida. En una de sus cartas, Ambrosio, obispo de Milán, describió elogiosamente la sorprendente noticia de la transformación de Paulino y Terasia, preguntándose cómo iba a reaccionar la sociedad romana ante un desafío de tal envergadura.[177] La carta está datada en 395, después de que Paulino y Terasia hubieran dado un nuevo giro a sus vidas. Veamos los detalles.

A finales de 394 los encontramos en Barcelona, donde el 25 de diciembre de ese mismo año Paulino era ordenado como presbítero, según él mismo por aclamación popular (no es de extrañar que Paulino, que junto a su esposa atesoraba una enorme cantidad de riquezas que estaban dispuestos a compartir con la iglesia, resultara atractivo como clérigo local). Paulino accedió a las peticiones de los barceloneses, pero con la condición de que no se le exigiera residir en esa ciudad.[178] Su intención no era otra que dirigirse a Nola, en cumplimiento de lo que a todas luces era el plan inicial de la pareja. En primavera o verano del año siguiente se hallaban ya instalados en su nueva ciudad, donde bien pronto empezaron a desplegar el *modus vivendi* que tanto anhelaban: una vida austera en residencias monásticas, dedicados a obras benéficas y a dotar a Nola de notables edificios en honor de su patrón, el mártir Félix, así como de la infraestructura necesaria para acoger a nuevos miembros de su comunidad religiosa. Nola, que ya era un lugar de peregrinación por el hecho de albergar las

---

[176] Sobre matrimonios célibes, o espirituales, véase Elliott (1993: 16-63).
[177] Ambrosio, *Ep.* 58.1-3.
[178] Paulino, *Ep.* 1.9-10. La carta fue escrita a principios de 395 en Barcelona.

reliquias de Félix, se convirtió en un centro religioso de mayor magnitud, que atrajo a todo tipo de creyentes, entre ellos las personas de clase aristocrática de las que hablaba en el capítulo 4: Melania la Mayor, Rufino de Aquilea, Melania la Joven, Piniano, Albina, Aproniano, entre otros. El momento álgido de las celebraciones se producía en enero, cuando se conmemoraba al mártir. Cada año desde 394 (cuando aún estaba en Barcelona), Paulino compuso un poema en honor al natalicio de Félix; es en esos poemas donde, mezclados entre muestras de devoción, encontramos gran parte de los escasos datos biográficos que nos permiten reconstruir en cierto modo cómo fue la vida de Terasia.

Se conservan muchas cartas escritas por Paulino, algunas de ellas conjuntamente con su esposa. Es imposible saber el grado de participación de Terasia en la composición de esos textos; quizá la presencia de su nombre en el encabezamiento era un simple formalismo, pero no puede descartarse la posibilidad de que tomara partido en los contenidos. Algunas de esas cartas, por ejemplo la que enviaron conjuntamente a Aper y Amanda (otro interesante ejemplo de matrimonio célibe), bien podrían haber contado con la aportación de Terasia, pero no hay manera de comprobarlo.[179] Por lo demás, la vida de Paulino y Terasia en Nola, a pesar de sus votos de pobreza y su compromiso de deshacerse de sus riquezas, mantenía aún un fuerte componente aristocrático, como vemos por ejemplo en el hecho de que conservaron, e incluso ampliaron, el círculo de sus amistades y sus contactos dentro de esa clase social.[180] Se sabe, además, que continuaron administrando parte de su patrimonio, incluso el de las propiedades de Aquitania, de donde recibían ingresos que luego reinvertían en sus proyectos en Nola. En palabras de Peter Brown, referidas a Paulino: "(...) he continued to enjoy the supreme privilege of a nobleman—the freedom to do what he wished with his life".[181] Una libertad que, en el caso de Paulino, podría considerarse una continuación, por otros medios, de su vida anterior, pero que en el caso de Terasia, desligada de las obligaciones tradicionales del matrimonio, debieron suponer un profundo cambio

---

[179] Paulino, *Ep*. 39.
[180] Wieser (2016: 11).
[181] Brown (2012: 224); trad. del autor: "(...) continuó disfrutando del supremo privilegio de un noble—la libertad de hacer lo que quisiera con su vida" (trad. del autor).

en su perspectiva vital. Es una pena que no tengamos más datos sobre sus vivencias, tanto las buenas, por ejemplo los momentos de compartir su tiempo de asueto con los amigos llegados a Nola, como las malas, en especial las preocupantes noticias que llegaban del norte de Italia, con las invasiones de Alarico en 401 y de Radagaiso en 405, tal como dejó manifiesto el propio Paulino en algunos de los natalicios. Las amenazas se materializarían en 410 con la llegada de los godos a Nola. Según cuenta Agustín, el propio Paulino fue capturado por los atacantes e interrogado sobre el paradero de sus riquezas, pero él, inasequible en medio de los sufrimientos, se aclamaba a dios diciéndole que sus tesoros no estaban en este mundo.[182] O quizá sí. Esta es la única noticia que tenemos sobre el suceso, que probablemente fue edulcorado, o adaptado por Agustín para ajustarlo a su propia retórica cristiana. En cualquier caso, Terasia queda fuera de este relato. Como decíamos al principio del capítulo, su rastro se pierde a partir de 408, así que no sabemos si vivió las difíciles circunstancias de la llegada de los godos o no. Tampoco sabemos si cruzó alguna mirada con los agresores, o si sufrió por parte de ellos algún tipo de castigo. Paulino murió en 431, convertido ya en obispo de Nola; no se sabe el año de su nombramiento, y tampoco si su esposa estaba aún con vida en ese momento. Una incerteza más que añadir a una experiencia vital, la de Terasia, que solo podemos imaginar a partir de los retazos que de ella han sobrevivido. Pero, como decía al principio del capítulo, creo que merece la pena el esfuerzo.

---

[182] Agustín, *De civ. dei* I 10.

9. GALA PLACIDIA: EPÍLOGO

En enero de 414, la ciudad de Narbona, en el sur de la Galia, asistía a un acontecimiento sin precedentes: la boda del rey godo Ataúlfo con Gala Placidia.[183] La ceremonia, que conocemos bien gracias al detallado relato de Olimpiodoro de Tebas, se celebró en la casa de un notable ciudadano narbonés, de nombre Ingenuo. Todo en ella tuvo un marcado carácter romano, desde la decoración del lugar hasta la ropa que llevaban los contrayentes, ella vestida de acuerdo a su estatus imperial, él ataviado con la capa de los generales romanos. En la ceremonia no faltaron los regalos. Ataúlfo le entregó a Placidia cincuenta jóvenes esclavos, que eran portadores además de enormes riquezas en oro y piedras preciosas. Olimpiodoro añade el detalle irónico de que esas riquezas procedían del botín que los godos habían obtenido en Roma... No faltaron tampoco los himnos en honor de los novios, compuestos para la ocasión por tres recitadores, entre ellos uno cuyo nombre nos resulta familiar: Prisco Átalo, al que habíamos conocido en su faceta de magistrado romano y posteriormente emperador (o usurpador) al lado de Alarico, y que ahora mostraba a los recién casados sus dotes como poeta. Olimpiodoro concluye su descripción de las celebraciones hablando del ambiente de armonía que existió en todo momento entre bárbaros y romanos.[184]

Resulta difícil imaginar el estado de ánimo de Gala Placidia durante la ceremonia, la amalgama de sentimientos contradictorios que debían acumularse en su pensamiento, o la sucesión de paradojas, como la de recibir como regalo los despojos de su propia ciudad, o la de casarse con

---

[183]   Para el contexto histórico, véase Cap. 5.
[184]   Olimpiodoro, fr. 24.

quien era, hasta el día anterior, su captor. A pesar de todo, o precisamente a causa de esta suma de tensiones, es posible que la ceremonia de boda fuera, precisamente, un momento de cierta distensión, para ella. Ninguna fuente nos habla de sus sentimientos hacia Ataúlfo, aunque cabe suponer que se casó con él porque no le quedaba otro remedio. Las fuentes, tan escasas, no ayudan a aclarar una cuestión que es en sí misma la clave para cualquier obra de ficción que pudiera plantearse sobre Gala Placidia. Un aspecto a tener en cuenta son los posibles efectos psicológicos del largo periodo que le tocó vivir entre los godos como rehén. ¿Llegó a identificarse de alguna manera con su nuevo entorno? ¿Desarrolló algún sentimiento positivo hacia sus captores, en concreto hacia Ataúlfo? ¿O por el contrario fue capaz de mantenerse en todo momento reacia a simpatizar con ellos? Lo único que podemos deducir de las fuentes es que en aquellos momentos en Narbona se respiraba cierto optimismo entre Ataúlfo y los suyos, sin que podamos precisar el grado de integración de Placidia en el ánimo general. Como fruto de ese optimismo se produciría una nueva vuelta de tuerca en un cuadro que iba adquiriendo matices un tanto surrealistas. En algún momento de 414, Prisco Átalo, que había sido emperador entre 409-410, y destituido del cargo por desavenencias con Alarico, era nombrado otra vez emperador, ahora por el sucesor de este, Ataúlfo. Una medida sorprendente y, como veremos, poco duradera.

La boda entre Ataúlfo y Gala Placidia fue, además de un motivo de alegría para los godos, una verdadera afrenta para el emperador Honorio, y muy especialmente para el jefe de su ejército, Constancio, que en negociaciones anteriores había insistido en exigir a los godos el retorno de Placidia.[185] El nombramiento de Átalo como augusto no hizo más que exacerbar los ánimos de Constancio, cuyas tropas empezaron a estrechar el cerco sobre los godos. Tal fue así que Ataúlfo se vio forzado a retirarse con los suyos a la ciudad de Barcelona, donde quedaba fuera del alcance del ejército imperial.

Una vez más Gala Placidia se veía obligada a emprender un viaje en condiciones difíciles, huyendo de las tropas que obedecían a su hermano,

---

[185] Olimpiodoro, fr. 22.

el emperador legítimo. Añadamos a todo esto un detalle muy significativo: a finales de 414, o quizá en 415, ya en suelo hispano, Placidia daba a luz a su primer hijo, al que llamaron Teodosio, igual que su abuelo materno, un nombre que al mismo tiempo era una toma de posiciones y un verdadero desafío, teniendo en cuenta que el padre del recién nacido no era un noble romano o un miembro de la familia imperial, sino un bárbaro. Por desgracia para sus padres, el joven Teodosio falleció poco después de nacer. Olimpiodoro nos cuenta que Ataúlfo y Gala Placidia lloraron amargamente la muerte de su hijo, al que enterraron en un ataúd de plata en una iglesia de las afueras de Barcelona.[186] Cualquier atisbo de alegría que pudiera vislumbrarse en la ceremonia matrimonial de Narbona o en la feliz circunstancia del nacimiento de su hijo, quedaba disipado. Pero las cosas aún podían ir a peor. Poco después de la muerte del pequeño Teodosio, Ataúlfo era asesinado por uno de sus sirvientes.[187] Las consecuencias fueron devastadoras para Gala Placidia y la familia de Ataúlfo, no solo por el dolor ante su pérdida. Singerico fue proclamado rey de los godos poco después del luctuoso suceso; su primera medida fue masacrar a los hijos que Ataúlfo había tenido con su primera esposa, cuyo nombre desconocemos. En cuanto a Placidia, la sometió a un trato vejatorio; según Olimpiodoro, la obligó a a caminar delante de su carro durante una distancia de doce millas desde Barcelona.[188] Por suerte para ella, el reinado de Singerico fue breve; tras siete días en el trono, moría asesinado. Su sucesor, Walia, adoptó una política pragmática. En 416 alcanzaba un acuerdo de paz con Honorio; entre sus cláusulas, devolver a Gala Placidia a su hermano a cambio de un suministro de grano y unos territorios en la Galia en los que asentarse. También Átalo, antiguo magistrado romano, dos veces augusto y ocasional poeta, formó parte del trato.[189] Fue conducido a Roma, donde Honorio le aplicó un castigo ejemplar: la amputación de dos dedos de la mano derecha y el exilio a las islas Lípari, donde probablemente pasó el resto de sus días.

---

[186] Olimpiodoro, fr. 26.
[187] Olimpiodoro, fr. 26; Hidacio, *Crónica* 60; Próspero, *Crónica*, s.a. 415; Jordanes, *Getica* 163.
[188] Olimpiodoro, fr. 26.
[189] Olimpiodoro, fr. 26; Filostorgio, XII 4-5. Orosio (*Hist. Ad. Pag.* VII 42.9) presenta un relato diferente, según el cual Átalo habría sido atrapado por las tropas romanas mientras intentaba huir de Hispania en barco.

El uno de enero del año siguiente, 417, el mismo día que Constancio empezaba con todos los honores su segundo consulado, se celebraba en Roma lo que llevaba tanto tiempo anhelando: su boda con Gala Placidia, que para él suponía un elemento esencial en sus aspiraciones, como se vería demostrado pocos años después. ¿Cómo se sentía Placidia en este torbellino de acontecimientos y de sensaciones? El hecho de volver a territorio romano después de seis largos años de extrañas peripecias pudo ser motivo de alegría para ella, pero lo hacía para casarse, por imposición de su hermano Honorio, con el hombre que poco tiempo antes había hostigado militarmente a los godos, entre los que se hallaba la propia Gala. Olimpiodoro de Tebas, una vez más, es el único autor antiguo que entra en estos detalles. Nos dice, de manera muy gráfica, que el augusto Honorio, harto de que su hermana rechazara constantemente la idea de casarse con Constancio, la agarró de la mano y la condujo a la ceremonia.[190] Por desgracia, no hay ningún otro autor que corrobore estas noticias, así que resulta difícil valorar su grado de veracidad. ¿Realmente se opuso Gala de manera tan activa a su matrimonio con Constancio? Un detalle a tener en cuenta es que Olimpiodoro fue un autor contemporáneo a los hechos. Una hipótesis moderna lo sitúa en Roma en torno al año 425, donde habría tenido un papel relevante en la instauración de Valentiniano III, hijo de Placidia, como augusto.[191] De ser así, es probable que tuviera la oportunidad de conocer en persona a Gala Placidia, o al menos que le llegaran de primera mano los cotilleos palaciegos que incluye en varios pasajes de su obra. Por otro lado, el rechazo de Placidia a su segundo esposo invita a pensar que sus sentimientos hacia Ataúlfo pudieron ser bien distintos. ¿Lo amó en algún momento? ¿Sentía hacia él algún tipo de afinidad en aquellos extraños tiempos en que compartieron vida errante? No hay manera de saberlo. Stewart Oost lo resume con gran elegancia: "It is impossible to decide whether she loved Ataulf; it seems, however, that if there ever was a man she loved it was he".[192]

---

[190]   Olimpiodoro, fr. 33.
[191]   Matthews (1970: 79-80); Gillett (1993: 13-14); McEvoy (2013a: 242).
[192]   Oost (1968: 135). Trad. del autor: "Es imposible saber si amó a Ataúlfo; pero parece que, si alguna vez amó a un hombre, sería a él".

Independientemente de lo que pudiera sentir en aquellos momentos, la lógica de los acontecimientos seguía su curso implacable. La tarea de describir con detalle la biografía de Gala Placidia a partir del año 416, sobre la que tenemos abundantes datos procedentes de diversas fuentes, excede los objetivos del presente libro, así que me limitaré a ofrecer un resumen simplificado.[193] Pero hay un par de detalles a los que prestaré mayor atención. Tienen que ver con momentos en la vida de Placidia en los que se aprecia cómo, a pesar de los años transcurridos, sus vínculos emocionales con el periodo godo de su vida permanecían vivos. Sabemos que durante sus años en Rávena, reintegrada de pleno derecho en el entorno imperial, tenía a su alrededor un séquito formado por personas de origen bárbaro, entre las cuales, probablemente, había godos y godas procedentes de su época con Ataúlfo.[194] Una inscripción de Rávena, transcrita por Agnelo, menciona a una mujer llamada Singledia, sobrina de Gala Placidia.[195] Según una hipótesis moderna, Singledia podría ser en realidad un nombre godo.[196] Tendríamos aquí otro ejemplo claro de vínculo de Gala Placidia con su pasado.

En una fecha indeterminada de 417 o 418 nacía Justa Grata Honoria, hija de Placidia y Constancio, en cuyo nombre vemos reflejado el de Grata y Justa, hijas de Justina y por lo tanto tías de Placidia. Posteriormente (2 de julio de 419), Placidia daba a luz a un varón, llamado Valentiniano en honor de sus antepasados maternos. Hubiera sido más lógico llamarlo Teodosio, teniendo en cuenta que se convertía en el candidato más firme para suceder a su tío Honorio, que continuaba sin descendencia, pero el nombre ya había sido dado al primer hijo de Placidia, muerto en Barcelona en 415. En cualquier caso, el nacimiento de Valentiniano era la pieza que le faltaba a Constancio para que su jugada fuera maestra. El 8 de febrero de 421 recibía el máximo honor que pudiera concebir: ser nombrado co-augusto (de Occidente) por Honorio; poco después, la propia Placidia recibía el correspondiente título de augusta. A esa época

---

[193] Para conocer mejor la vida de Gala Placidia a partir de 416, y su contexto histórico, véase Oost (1968); McEvoy (2013a: 223-304); Hillner (2017: 73); Kulikowski (2019: 143-213); Salzman (2021: 96-147).

[194] Olimpiodoro, fr. 38.

[195] Agnelo, *Liber Pont. Eccl. Rav.* 41.

[196] Scharf (1998: 495-497); Sanchis Calabuig (en prensa).

pertenecen las primeras monedas acuñadas en su honor, con la siguiente leyenda en su anverso: DN GALLA PLACIDIA PF AVG, es decir 'Domina nostra Galla Placidia Pia Felix Augusta', una expresión de los más altos honores que podía recibir una mujer en la Roma imperial.

Constancio (conocido como Constancio III por la historiografía moderna) duró muy poco como augusto; el 2 de septiembre de ese mismo año fallecía por causas naturales. A partir de ese momento, las desavenencias entre Honorio y su hermana Placidia se fueron acentuando, hasta el extremo de que, en 423, esta decide huir de Rávena con sus hijos, primero a Roma, y luego a Constantinopla, donde esperaban ser acogidos por Teodosio II, sobrino de Placidia y augusto de Oriente. Una vez allí, reciben la noticia de la muerte de Honorio (15 de agosto), que abre un nuevo periodo de crisis en el Occidente romano; el consiguiente vacío de poder, con la familia imperial refugiada en Constantinopla, es aprovechado por un nuevo usurpador, de nombre Juan. Las circunstancias políticas del momento hacen que Teodosio II, que previamente se había negado a aceptar el nombramiento de Constancio III como augusto, adopte ahora una actitud más favorable hacia el hijo de este, Valentiniano, quizá con la idea de ampliar a Occidente su esfera de influencia, o con el objetivo de buscar una mayor estabilidad en el Imperio. En 424 lanza una campaña militar contra el usurpador Juan, que culmina en 425 con la derrota de este y el nombramiento de Valentiniano como augusto de Occidente. En esos momentos, Valentiniano (conocido como Valentiniano III por la historiografía moderna) tenía seis años de edad, así que era su madre la que asumía el papel de tutela respecto a su hijo. Es habitual, en términos modernos, referirse a Placidia como 'regente' en nombre de su hijo durante la minoría de edad de este, pero en realidad la regencia no existía en la legislación romana ni tenía estatus oficial.[197] De todas maneras, es de suponer que durante esos años (425-437), Gala Placidia tuvo algún poder de decisión en los asuntos públicos de Occidente, sobre todo por lo que respecta a las difíciles relaciones con los principales jefes militares del momento: Félix, Bonifacio y Aecio.[198] Durante ese periodo residió principalmente en Rá-

---

[197] McEvoy (2013a: 234-236); para un análisis similar, referido al Oriente romano, véase Harries (2013).

[198] Busch (2015: 100-109); Wijnendaele (2015: 65-86, 96-103).

vena, que continuaba siendo la capital del Occidente romano, un lugar en el que dejó su impronta mediante la construcción de iglesias y otros espacios de culto, entre ellos la iglesia de San Juan Evangelista o la de la Santa Cruz. También en Roma, ciudad que visitó en varias ocasiones, puede seguirse el rastro de su patrocinio constructivo, por ejemplo en la basílica de San Pablo Extramuros, que decoró con nuevos mosaicos.

Su estatus dentro de la estructura de toma de decisiones en Occidente cambió en 437, cuando Valentiniano, una vez alcanzada la edad adecuada, tomó de manera efectiva el mando sobre Occidente. En octubre de ese mismo año, Valentiniano se casaba con Licinia Eudoxia, hija de Teodosio II, un matrimonio que había sido pactado en la época en que Placidia residió en Constantinopla con sus hijos; la boda, de hecho, se celebró en esa ciudad, a donde el joven Valentiniano tuvo que desplazarse ex profeso, entre otras cosas como muestra de respeto hacia su primo Teodosio II, al que tanto tenía que agradecer. A partir de entonces, lo que sabemos de Placidia se circunscribe sobre todo a su actividad en el patronazgo de edificaciones religiosas, y a algunas intervenciones puntuales, también de carácter religioso. En 450 colaboró con el papa León I en su iniciativa de enviar cartas a Oriente para forzar la realización de un concilio después de la situación de crisis creada por el de Éfeso II, celebrado el año anterior. A menudo, estas y otras cartas atribuidas a Placidia han sido analizadas como testimonio de su voz personal y de su participación activa en asuntos públicos. Sin embargo, como acertadamente indica Julia Hillner, se trata de textos de carácter instrumental, concebidos para complementar acciones epistolares conjuntas diseñadas para fines concretos, y es posible incluso que no fueran escritas por ella.[199]

UN MOSAICO EN RÁVENA

Como hemos visto anteriormente, Gala Placidia, acompañada de sus hijos Valentiniano y Honoria, viajó a Constantinopla en 423 huyendo de su hermano. Un par de años después, esta vez con el apoyo decidido de Teodosio II, volvían a Italia con el joven Valentiniano convertido en césar

---

[199]   Hillner (2019a, 2019b).

(octubre de 424) y posteriormente, ya en Roma, nombrado augusto de Occidente (octubre de 425). En uno de esos dos trayectos, tal como nos cuenta el *Liber Pontificalis Ecclesiae Ravennatis*, Gala Placidia y sus hijos estuvieron a punto de morir en una tormenta que amenazaba con hundir su barco.[200] No está claro si se trata del trayecto de ida o el de vuelta, pero la presencia de Valentiniano y Honoria en la inscripción que conmemora el hecho apunta a que, efectivamente, se trata de un suceso relacionado con el periodo 423-425:[201]

SANCTO AC BEATISSIMO APOSTOLO IOHANNI EUANGELIS-
TAE GALLA PLACIDIA AUGUSTA CUM FILIO SUO PLACIDO
VALENTINIANO AUGUSTO ET FILIA SUA IUSTA GRATA HO-
NORIA AUGUSTA LIBERATIONIS PERICULUM MARIS VOTUM
SOLVERENT.

En medio de la tormenta, Gala Placidia hizo un voto junto a sus hijos (*votum solverent*) por el que prometía construir una iglesia al apóstol Juan el Evangelista si finalmente conseguían sobrevivir a tan peligrosa situación (*periculum maris*); al final las aguas se apaciguaron, y pudieron salvar sus vidas.[202] De vuelta a Rávena, Placidia ordenó la construcción de la iglesia, en cumplimiento de su promesa. Aprovechó la ocasión, además, para decorar el ábside y el arco triunfal con una serie de mosaicos en los que mostraba retratos de los más destacados miembros de la dinastía teodosiana-valentiniana, tanto los que estaban con vida como los ya fallecidos, en lo que podríamos describir como un homenaje a su familia. Se incluía también a Constantino I, quizá por su papel como primer emperador cristiano, o para mostrar la relación de parentesco que, según una hipótesis moderna, la unía a la dinastía constantiniana.[203] La iglesia sigue en pie hoy en día, aunque se conserva poco del edificio original, debido a las diversas reformas a que fue sometido a lo largo de los siglos. Los mosaicos, con sus correspondientes inscripciones, desaparecieron en 1568 cuando

---

[200] Agnelo, *Lib. Pont. Eccl. Rav.* 42.
[201] Agnelo, *Lib. Pont. Eccl. Rav.* 42; *CIL* XI.276.
[202] Agnelo, *Lib. Pont. Eccl. Rav.* 42: *Cum esset angustiosa per discrimina maris gradiens, orta procella, carina quassante a fluctibus, putans mergere in profundum, Deo votum vovit de apostoli ecclesia: liberata est a furia maris.*
[203] Chausson (2007: 164-165).

fue derribado el ábside, pero al menos se conserva el testimonio de varios autores que pudieron contemplar la iglesia en su estado original, empezando por el propio Agnelo (siglo IX).[204] Las anotaciones de estos eruditos permiten incluso una reconstrucción aproximada del aspecto que debía tener el conjunto decorativo del ábside.[205]

Entre todas las inscripciones que fueron copiadas a tiempo, destaca la que incluyó Girolamo Rossi en su obra *Historiarum Ravennatum libri decem*, publicada en 1572. Consiste en un listado de emperadores, y otros miembros de la familia imperial, que en origen servía para identificar sus retratos. Entre esos personajes tenemos tres cuyos nombres, según la transcripción de Rossi, venían seguidos de la abreviación *nep*: *Theodosius nep*, en la parte izquierda del arco triunfal; *Gratianus nep* y *Ioannes nep* en la parte derecha. El principal problema para identificar esos personajes estriba en la presencia de la palabra *nep*, que suele considerarse una abreviatura de *nepos* (= nieto); con esa lectura, resulta imposible establecer una interpretación coherente. Una posible solución, propuesta inicialmente por Ensslin,[206] sería considerar la anotación de Rossi como errónea. En vez de *nep*, lo que tendríamos en el original sería *np* (*nobilissimus puer*), como referencia a hijos de la familia imperial que no alcanzaron el rango de césar o augusto. Estos tres niños designados como *nobilissimi pueri* tenían en común el hecho de haber fallecido en su infancia: por un lado Graciano y Juan, hijos de Teodosio I; por el otro Teodosio, que con toda probabilidad es el hijo que Gala Placidia tuvo con el rey godo Ataúlfo. Esa es la opinión más extendida entre los historiadores modernos, entre otras cosas porque no se conoce a ningún otro Teodosio que encaje en el contexto del programa decorativo de S. Juan Evangelista, diseñado por Gala Placidia.[207]

Se desconoce el año en que se llevó a cabo la construcción de la iglesia, pero es probable que, tratándose de la compleción de un voto, la fecha estuviera en torno a los años inmediatamente posteriores a 425, la época en

---

[204]   Rebenich (1985); Mackie (1985).
[205]   Deliyannis (2010: 69, fig. 13).
[206]   Ensslin, *RE* 20.2 (1915), citado por Rebenich (1985: 376, n. 20).
[207]   Oost (1968: 275); Rebenich (1985: 376-377); Mackie (1995: 399-400); Pawlak (2005: 233-236); Deliyannis (2010: 68).

que Gala Placidia ejercía la tutela sobre Valentiniano III. Fue en ese contexto histórico en el que tuvo la idea de rendir homenaje a su insigne linaje, que incluía a los valentinianos y los teodosianos. Pero decidió incluir en el ilustre elenco a un personaje del que ya casi nadie se acordaba, entre otras porque su recuerdo debía ser bastante incómodo para la sociedad romana de la época: el pequeño Teodosio, hijo de Gala Placidia y el rey godo Ataúlfo, nacido en Narbona, o en algún lugar entre Narbona y Barcelona, ciudad en la que falleció al poco de nacer. A la vista de todos, en un lugar tan prominente como el arco triunfal de la iglesia, el retrato de Teodosio *nobilissimus puer* estaba flanqueado por el de otros miembros de su familia. Vemos aquí el orgullo de una madre que lucha por mantener el recuerdo de su hijo a pesar de lo complicado, y seguramente para algunos contemporáneos incorrecto, que era incluir al hijo de un rey godo entre tantos egregios personajes. Pero era el hijo de Gala Placidia. Y para ella la ciudad de Rávena era el espacio en el que podía actuar con libertad: pasear por sus calles, visitar los edificios religiosos que ella misma había contribuido a construir, entrar en la iglesia de Juan Evangelista, detenerse ante las imágenes de sus ancestros, leer las inscripciones, contemplar las diversas escenas representadas en los mosaicos, entre ellas la de la tempestad en el mar, pero sobre todo detenerse delante del retrato de Teodosio, y pararse a pensar en aquel pasado tumultuoso que muchos preferían olvidar: el del saqueo de Roma en 410 y sus consecuencias.

ÚLTIMA VISITA A ROMA

En febrero de 450 la familia imperial, incluida Gala Placidia, se trasladó de Rávena a Roma para celebrar junto al papa León I la fiesta de la cátedra de Pedro. Pero esta vez no sería una visita temporal, como las que habitualmente habían llevado a cabo en años anteriores. A partir de 450, Valentiniano III fijó su residencia de manera permanente en Roma, algo que no había hecho ningún emperador desde mediados del siglo III, con la excepción de Majencio.[208] Junto a Valentiniano estaba su madre, Gala Placidia, que pasó en Roma los últimos meses de su vida; según Agnelo, Gala falleció en esa ciudad el 27 de noviembre de 450.[209] Pero en ese bre-

---

[208] Gillett (2001: 147); Salzman (2021: 138).
[209] Agnelo, *Lib. Pont. Eccl. Rav.* 42.

ve espacio de tiempo, poco más de nueve meses, Placidia tuvo tiempo al menos de cumplir con un deseo que albergaba desde muchos años atrás. Conocemos el episodio por una única referencia, incluida en una de las continuaciones de la *Crónica* de Próspero de Aquitania, la del *Codex Reichenaviensis*. Esta es la concisa noticia:

> «Teodosio fue conducido con gran pompa por Placidia, León y el senado romano al completo al mausoleo situado junto al apóstol Pedro, y depositado allí».[210]

El texto no explica de qué Teodosio se trata, pero el contexto histórico deja claro que solo hay una posibilidad: el hijo de Placidia y Ataúlfo, muerto treinta y cinco años antes en Barcelona.[211] Como vimos en el capítulo 5, sus restos mortales habían recibido sepultura en una iglesia cercana a Barcelona; años después, en el Mausoleo de Honorio en Roma, se oficiaba con todos los honores su segundo enterramiento con la presencia de Placidia, el papa León I y el senado en pleno. Imaginemos por un momento la sensación de alivio, o de satisfacción, que debió sentir Placidia durante la magna ceremonia, cuando veía que por fin, después de tantos años, la ciudad de Roma, representada por las más altas instancias, rendía sus respetos a Teodosio, el hijo que había tenido con un rey bárbaro que, cuarenta años antes, había participado en el saqueo de esa misma ciudad.

Un detalle que no ha sido aún esclarecido es en qué momento el ataúd de Teodosio fue llevado a la ciudad de Roma. Quizá lo trasladaron desde Barcelona para la solemne ceremonia, o tal vez Placidia hizo que lo trajeran a Italia, probablemente a Rávena, en algún momento anterior. Según la teoría de G. Mackie (1995), basada en testimonios del siglo XIII que hablan de un 'Teodosio' enterrado en Rávena, Placidia habría depositado el ataúd de manera provisional en alguna de las capillas de la ciudad, en espera de un enterramiento definitivo en Roma; entre las candidatas está la que ella misma mandó construir junto al templo de la Santa Cruz. La

---

[210]   *Cont. Prosp. Cod. Reichenaviensis*, s.a. 451: *Theodosius cum magna pompa a Placidia et Leone et omnio senatu deductus et in mausoleo ad apostolum Petrum depositus est.* (Trad. del autor).

[211]   Oost (1968: 290-291); Mackie (1995: 400-401); Gillett (2001: 147); Paolucci (2008: 239); McEvoy (2013a: 281).

capilla, decorada con mosaicos que hoy en día aún impresionan por su incomparable belleza, es conocida como 'Mausoleo de Gala Placidia', aunque con toda probabilidad Placidia no fue enterrada allí, sino en Roma, junto a su hijo Teodosio. No se conservan restos que confirmen de manera fehaciente la presencia de ese doble sepulcro en el mausoleo que Honorio hizo construir en Roma, pero existe un importante indicio que apunta en esa dirección.

El 27 de junio de 1458, según la Crónica de Niccola della Tuccia, se descubrió un antiguo sarcófago durante unas obras en la capilla de Santa Petronila, junto a la basílica de San Pedro en Roma. Sería el primero de tres descubrimientos similares, entre ellos el más conocido, el del sepulcro de María.[212] Dentro del sarcófago se encontraron dos ataúdes hechos de madera de ciprés, uno grande y otro pequeño, que contenían ropas decoradas en oro; el de menor tamaño estaba cubierto con una gran cantidad de plata (832 libras). En aquel momento, seguramente porque en el lugar había unas pinturas en las que se describían episodios de la vida de Constantino I, se pensó que quienes estaban allí enterrados eran el propio emperador y uno de sus hijos, pero esa interpretación no tiene sentido; se sabe sin lugar a dudas que Constantino, tras su muerte en Nicomedia en 337, fue enterrado en Constantinopla. Pero existe otra interpretación. Como hemos visto anteriormente, Teodosio, hijo de Placidia y Ataúlfo, había sido enterrado en Barcelona en un ataúd de plata, un detalle que coincide con la descripción de los objetos que se encontraron en el interior del sarcófago romano. La deducción lógica es que ese sepulcro, efectivamente, era el de Placidia y su hijo Teodosio.[213] Por desgracia, los objetos de plata y oro que se encontraron en su interior fueron rápidamente fundidos para obtener los correspondientes beneficios, así que no queda ningún rastro material de aquel hallazgo. Pero al menos tenemos el relato de un cronista de la época, de incalculable valor.

Nos situamos de nuevo en 450. Gala Placidia, consciente quizá de que se acercaba el final de su vida, decidió que era el momento oportuno para enterrar de manera solemne a su hijo, al tiempo que daba la orden para

---

[212] Véase Cap. 1.
[213] Paolucci (2008: 239); Johnson (2014: 171).

que, llegado el fatídico momento, ella misma recibiera sepultura junto a él. Seguramente nunca sabremos con certeza si los ocupantes de aquellos ataúdes eran Placidia y su hijo, pero nada nos impide imaginarlos en ese último momento, reunidos después de tantos años, juntos en el amor, en la muerte; se cerraba por fin el largo paréntesis temporal iniciado en 408 con la llegada de los godos, el posterior matrimonio de Placidia con Ataúl-fo y el nacimiento de su hijo. Con esta imagen termina el libro. Un libro cuyo primer capítulo empezaba en Roma, y que termina, años después, también en Roma.

ABREVIATURAS UTILIZADAS

CIL = *Corpus Inscriptionum Latinarum*, 17 vols., Berlín: Berlin-Brandenburgische Akademie der Wissenschaften (1863-).

CSHB = *Corpus Scriptorum Historiae Byzantinae*, 50 vols., Bonn (1828-1897).

CSEL = *Corpus Scriptorum Ecclesiasticorum Latinorum*, 120 vols., Viena: Österreichische Akademie der Wissenschaften (1866-).

ILCV = Diehl, E. (1924-1931) *Inscriptiones latinae christianae ueteres*, 3 vols., Berlín: Weidmann.

LSA = *Last Statues of Antiquity* (base de datos), Universidad de Oxford (2012), http://laststatues.classics.ox.ac.uk/.

MGH = *Monumenta Germaniae Historia*, Berlín (1877-).

NPNF = Philip Schaff, ed. (1886-1900) *Nicene and Post-Nicene Fathers*, 38 vols., edición electrónica: Christian Classics Ethereal Library.

PL = Migne, J.P. (1841-1865) *Patrologia Latina*, 221 vols., París.

PG = Migne, J.P. (1857-1866) *Patrologia Graeca*, 161 vols., París.

PLRE I = Jones, A.H.M. - Martindale, J.R. - Morris, J. (1971) *The Prosopography of the Later Roman Empire. Vol. I. A.D. 260-395*, Cambridge: Cambridge University Press.

PLRE II = Martindale, J.R. (1980) *The Prosopography of the Later Roman Empire. Vol. II. A.D. 395-527*, Cambridge: Cambridge University Press.

RE = Wissowa, G. et al. (1893-1978) *Paulys Realencyclopädie der classischen Altertumswissenschaft*, Stuttgart: Metzler.

Vit. Mel. (Lat) = Geroncio, *Vita Melaniae*, versión latina.

Vit. Mel. (Gr) = Geroncio, *Vita Melaniae*, versión griega.

BIBLIOGRAFÍA

Ediciones y traducciones de textos antiguos

Agnelo, *Liber Pontificalis Ecclesiae Ravennatis*
Holder-Egger, O. (1878) *Scriptores Rerum Langobardicarum et Italicarum. Saec. VI-IX*, Berlín: *MGH*.
Deliyannis, D. M. (2004) *The Book of Pontiffs of the Church of Ravenna. Translated with an introduction and notes by Deborah Mauskopf Deliyannis*. Washington: The Catholic University of America.

Agustín de Hipona, *Cartas*
Goldbacher, A. (1895-1911) *Augustinus, Epistulae*, 4 vols., *CSEL* 34.1; *CSEL* 34.2; *CSEL* 44; *CSEL* 57.
Cunningham, J. G. (1886), en Schaaf, P. ed., *The Confessions and Letters of St. Augustine, with a Sketch of his Life and Work*, *NPNF* I, vol. 1, 508-1255.
Teske. R. (2005) *The Works of Saint Augustine, a Translation for the 21st Century*, Vol. II. N.Y.: New City Press.

Agustín de Hipona, *De bono viduitatis*
Zycha, J. (1990) *Augustinus, De fide et symbolo, De fide et operibus, De agone christiano, De continentia, De bono coniugali, De sancta virginitate, De bono viduitatis, De adulterinis coniugiis, De mendacio, Contra mendacium, De opere monachorum, De divinatione daemonum, De cura pro mortuis gerenda, De patientia, CSEL* 41.

Agustín de Hipona, *De civitate dei contra paganos*
Hoffmann, E. (1899-1900) *Augustinus, De civitate dei*, 2 vols., *CSEL* 40.1; *CSEL* 40.2.

Dyson, R. W. (2013) *The City of God against the Pagans*, N.Y: Cambridge University Press.

Ambrosio, *Oración fúnebre por Teodosio I*
Migne, P. M. (1845), *PL* 16.
Deferrari, M. J. (1953), en McCauley et al. (eds.) *Funeral Orations by Saint Gregory Nazianzen and Saint Ambrose*, N.Y.: The Fathers of the Church, 303-334.

Ambrosio, *Cartas*
Migne, P. M. (1880), *PL* 16.
Beyenka, M. M. (1954) *Saint Ambrose. Letters*, N.Y.: The Fathers of the Church.
Liebeschuetz, J. H. W. G. (2010)*Ambrose of Milan. Political Letters and Speeches*, Liverpool: Liverpool University Press.

Amiano Marcelino, *Historia*
Rolfe, J. C. (1935-1940) *Ammianus Marcellinus with an English Translation*, 3 vols., Londres - Cambridge (MS): Loeb.
Castillo García, C. - Alonso del Real Montes, C. - Sánchez-Ostiz Gutiérrez, A. (2010) *Amiano Marcelino. Historias I (libros XIV-XIX)*, Madrid: Gredos.

Ausonio, *Cartas*
White, H. G. E. (1921) *Ausonius with an English Translation*. Vol. II, Londres - Cambridge (MS): Loeb.
Alvar Ezquerra, A. (1990) *Décimo Magno Ausonio. Obras*. Vol. II, Madrid: Gredos.

Celestino I (papa), *Cartas*
Migne, P. M. (1880), *PL* 50.

Chronicon Paschale
Dindorf, L. (1832) *Chronicon Paschale*, 2 vols., *CSHB* 11, Bonn.
Whitby, M. - Whitby, M. (1989) *Chronicon Paschale. 284-628 AD*, Liverpool: Liverpool University Press.

Claudiano, *Poemas*
Platnauer, M. (1922), *Claudian with an English Translation*, 2 vols., Londres - Cambridge (MS): Loeb.
Castillo Bejarano, M. (1993) *Claudiano. Poemas*, 2 vols., Madrid: Gredos.

Consularia Constantinopolitana
Mommsen, Th. (1892) *Chronica Minora, Saec. IV.V.VI.VII,* Vol. I, Berlín: MGH.

Continuador de la Crónica de Próspero de Aquitania, Codex Reichenaviensis
Mommsen, Th. (1892) *Chronica minora. Saec. IV.V.VI.VII.* Vol. I, Berlín: MGH.

Crónica gala de 452
Mommsen, Th. (1892) *Chronica minora. Saec. IV.V.VI.VII,* Vol. I, Berlín: MGH.
Murray, A. C. (2000) *From Roman to Merovingian Gaul. A Reader,* Toronto: University of Toronto Press.

Epitome de Caesaribus
Pichlmayr, F. (1911) *Sexti Aurelii Victoris Liber de Caesaribus,* Stuttgart - Leipzig: Teubner.
Banchich, T. M. (2018) *A Booklet about the Style of Life and the Manners of the Imperatores (Epitome De Caesaribus) Sometimes Attributed to Sextus Aurelius Victor,* Canisius College. Buffalo, New York: Canisius College.

Filostorgio, *Historia Eclesiástica*
Amidon, P. R. (2007) *Philostorgius. Church History,* Atlanta: Society of Biblical Literature.
Genadio de Marsella, *Liber De Scriptoribus Ecclesiasticis*
Bernouilli, C. A. (1895) *Hieronymus und Gennadius. De Viris Inlustribus,* Freiburg - Leipzig: Teubner.
Schaaf, P. ed. (1892) *Theodoret, Jerome, Gennadius, & Rufinus: Historical Writings, NPNF* II, vol. 3, 965-1066.

Geroncio, *Vita Melaniae*
Versión griega:
Gorce, D. (1962) *Vie de Sainte Mélanie*, Sources Chrétiennes 90, París: du Cerf.
Clark, E. A. (2021) *Melania the Younger. From Rome to Jerusalem*, N.Y.: Oxford University Press.
Versión latina:
Carrasson Torrontegui, O. (2019) *La 'Vita latina sanctae Melaniae Iunioris' de Geroncio y su lectura: la difusión de un modelo femenino*, Vitoria-Gasteiz: Universidad del País Vasco/Euskal Herriko Unibertsitatea [Tesis doctoral].

Hidacio, *Crónica*
Burgess, R. W. (1993) *The Chronicle of Hydatius and the Consularia Constantinopolitana: Two Contemporary Accounts of the Final Years of the Roman Empire*, Oxford: Oxford University Press.

Inocencio I, *Cartas*
Migne, P. M. (1845), *PL* 20.
Carta 36: trad. al inglés, en Sessa (2011) «Ursa's Return: Captivity, Remarriage, and the Domestic Authority of Roman Bishops in Fifth-Century Italy», *Journal of Early Christian Studies*, Vol. 19, 401-432, en 417-418.

Isidoro de Sevilla, *De Viris Illustribus*
Migne, P. M. (1862), *PL* 83.

Isidoro de Sevilla, *Historia de regibus Gothorum, Vandalorum et Suevorum*
Mommsen, Th. (1892) *Chronica minora. Saec. IV.V.VI.VII*, Vol. I. Berlín: MGH.
Wolf, K. B. (1999) *Conquerors and Chroniclers of Early Medieval Spain*, Liverpool: Liverpool University Press.

Jerónimo, *Cartas*
Labourt, J. (1949-1963) *Saint Jérôme. Lettres*, 8 vols. París: Les Belles Lettres.

Jerónimo, *De Viris Illustribus*

Bernouilli, C. A. (1895) *Hieronymus und Gennadius. De Viris Inlustribus*, Freiburg - Leipzig: Teubner.

Schaaf, P. ed. (1892) *Theodoret, Jerome, Gennadius, & Rufinus: Historical Writings, NPNF* II, vol. 3, 821-964.

Jordanes, *Romana, Getica*

Mommsen, Th. (1882). *Iordianis. Romana et Getica*, Berlín: *MGH*.

Van Nuffelen, P. - Van Hoof, L. (2020), *Jordanes. Romana and Getica, Translated with an Introduction and Notes*, Liverpool: Liverpool University Press.

Juan de Antioquía, Fragmentos

Mariev, S. (2008). *Ioannis Antiocheni fragmenta quae supersunt omnia*, Berlín - N.Y.: De Gruyter.

Liber Pontificalis

Mommsen, Th. (1898) *Gestorum Pontificium Romanorum*. Vol. I. Berlín: *MGH*.

Davis, R. (2010) *The Book of Pontiffs. (Liber Pontificalis)*, Liverpool: Liverpool University Press.

Malalas, Juan, *Chronographia*

Jeffreys, E. - Jeffreys, M. - Scott, R. (2017) *The Chronicle of John Malalas*, Leiden: Brill.

Marcelino *comes, Crónica*

Croke, B. (1995) *The Chronicle of Marcellinus. Translation and Commentary*, Sydney: Australian Association for Byzantine Studies.

Narratio de imperatoribus domus Valentinianae el Theodosianae

Mommsen, Th. (1892) *Chronica minora. Saec. IV.V.VI.VII, Vol. I.* Berlín: *MGH*.

Olimpiodoro, fragmentos de su *Historia*

Blockley, R. C. (1981-1983) *The Fragmentary Classicising Historians of the Later Roman Empire. Eunapius, Olympiodorus, Priscus and Malchus. Greek Text with English Translation.* 2 vols., Liverpool: Francis Cairns.

Orosio, *Historiae adversus paganos*

Zangemeister, C. (1882) *Pauli Orosii Historiarum adversum paganos libri VII: Accedit eiusdem liber apologeticus, CSEL* 5. Viena.

Fear, A. T. (2010) *Orosius. Seven Books of History against the Pagans. Translated with an introduction and notes by A. T. Fear,* Liverpool: Liverpool University Press.

Paladio, *Historia Lausiaca*

Butler, C. (1904) *The Lausiac History of Palladius II. The Greek Text edited with Introduction and Notes,* Cambridge: Cambridge University Press.

Lowther Clarke, W. K. (1918) *Palladius, The Lausiac History,* Londres - N.Y.: MacMillan.

Bartelink, G. J. M. (1974) *Palladio. La Storia Lausiaca. Testo Critico e Commento,* Milán: Mondadori.

Paulino de Milán, *Vita Ambrosii*

Migne, P. M. (1845), *PL* 20.

Paulino de Nola, *Poemas*

Hartel, W. (1999) *Paulinus Nolanus, Carmina (editio altera supplementis aucta curante M. Kamptner), CSEL* 30.

Cienfuegos García, J. J. (2005) *Poemas. Paulino de Nola,* Madrid: Gredos.

Walsh, P. G. (1975) *The Poems of St. Paulinus of Nola,* N.Y.: Newman Press.

Paulino de Nola, *Cartas*

Hartel, W. (1999) *Paulinus Nolanus, Epistulae (editio altera supplementis aucta curante M. Kamptner), CSEL* 29.

Walsh, P. G. (1966-1967) *Letters of St. Paulinus of Nola. Translated and Annotated by P.G. Walsh,* 2 vols., Westminster (MD): The Newman Press.

Procopio de Cesarea, *Historia de las guerras (Guerra vándala)*

Flores Rubio, J. A. (2000) *Historia de las guerras. Libros III-IV (Guerra Vándala),* Madrid: Gredos.

Procopio de Cesarea, *Historia de las guerras (Guerra gótica)*

Flores Rubio, J. A. (2006) *Historia de las guerras. Libros V-VI (Guerra Gótica),* Madrid: Gredos.

Próspero de Aquitania, *Crónica*
Mommsen, Th. (1892) *Chronica minora. Saec. IV.V.VI.VII*, Vol. I, Berlín: *MGH*.

Prudencio, *Peristephanon*
Bergman, J. (1926) *Aurelii Prudentii Clementis Carmina*, *CSEL* 61.
Thomson, H. J. (1949-1953) *Prudentius, with an English Translation by H.J. Thomson*, 2 vols., Londres - Cambridge (MS): Loeb.
Rivero García, L. (1987) *Prudencio. Obras*, 2 vols., Madrid: Gredos.

Rufino de Aquilea, *Apologiae in Sanctum Hieronimum*
Schaaf, P. ed. (1892) *Theodoret, Jerome, Gennadius, & Rufinus: Historical Writings, NPNF* II, vol. 3, 1113-1239.

Salviano de Marsella, *De Gubernatione Dei*
Migne, P. M. (1857), *PL* 53.
O'Sullivan, J. F. (1947) *The Writings of Salvian, the Presbyter*, Washington: The Catholic University of America Press.

Sidonio Apolinar, *Poemas*
Anderson, W. B. (1936) *Sidonius. Poems and Letters with an English Translation, Introduction and Notes by W.B. Anderson*, vol. I, Londres - Cambridge (MS): Loeb.
López Kindler, A. (2005) *Poemas. Sidonio Apolinar*, Madrid: Gredos.

Sócrates el Escolástico (o de Constantinopla), *Historia Eclesiástica*
Schaaf, P. ed. (1890) *Theodoret, Jerome, Gennadius, & Rufinus: Historical Writings, NPNF* II, vol. 2, 2-447.

Sozómeno, *Historia Eclesiástica*
Schaaf, P. ed. (1890) *Theodoret, Jerome, Gennadius, & Rufinus: Historical Writings, NPNF* II, vol. 2, 448-952.

Zósimo, *Historia Nova*
Mendelssohn, L. (1887) *Zosimi Comitis et Exadvocati Fisci Historia Nova*, Leipzig: Teubner.

Candau Morón, J. M. (1992) *Zósimo. Nueva Historia*, Madrid: Gredos.

Ridley, R. T. (1982) *Zosimus. New History*, Sydney: Australian Association for Byzantine Studies.

Autores modernos

Alciati, R. - Giorda, M. (2010) «Possessions and Asceticism: Melania the Younger and her slow way to Jerusalem», *Zeitschrift für Antikes Christentum* 14, 425-444.

Brown, P. (2012) *Through the Eye of a Needle: Wealth, the Fall of Rome, and the Making of Christianity in the West, 350-550 AD*, Princeton: Princeton University Press.

Busch, A. (2015) *Die Frauen der theodosianischen Dynastie: Macht und Repräsentation kaiserlicher Frauen im 5. Jahrhundert*, Stuttgart: Franz Steiner Verlag.

Cain, A. (2009) *The Letters of Jerome. Asceticism, Biblical Exegesis, and the Construction of Christian Authority in Late Antiquity*, N.Y.: Oxford University Press.

Cameron, A. (2012) «Anician Myths», *The Journal of Roman Studies* 102, 133-171.

— (2016) «The status of Serena and the Stilicho diptych», *Journal of Roman Archaeology* 29, 509-516.

Chausson, F. (2007) *Stemmata Aurea: Constantin, Justine, Théodose, Revendications généalogiques et idéologie impériale au IVe siècle*, Rome: L'Erma di Bretschneider.

Clark, Elizabeth A. (1984) *The Life of Melania the Younger: Introduction, Translation, and Commentary*, N.Y.: Edwin Mellen Press.

— (2021) *Melania the Younger. From Rome to Jerusalem*, N.Y.: Oxford University Press.

Consolino, F. E. (1988) «Il monachesimo femminile nella tarda antichità», *Codex Aquilarensis* 2, 33-45.

Cullhed, S. S. (2015) *Proba the Prophet. The Christian Virgilian Cento of Faltonia Betitia Proba*, Leiden: Brill.

Deliyannis, D. M. (2010) *Ravenna in Late Antiquity*, N.Y.: Cambridge University Press.

Demandt, A. - Brummer, G. (1977) «Der Prozeß gegen Serena im Jahre 408 n. Chr», *Historia: Zeitschrift für Alte Geschichte* 26, 479-502.

Dey, H. W. (2011) *The Aurelian Wall and the Refashioning of Imperial Rome, AD 271–855,* N.Y.: Cambridge University Press.

Doyle, C. (2019) *Honorius. The Fight for the Roman West. AD 395-423,* London: Routledge.

Dunn, G. D. (2007) «The Validity of Marriage in Cases of Captivity. The Letter of Innocent I to Probus», *Ephemerides Theologicae Lovanienses* 83, 107-121.

— (2009) «The Christian Networks of the Aniciae: The Example of the Letter of Innocent I to Anicia Juliana», *Revue d'études augustiniennes et patristiques* 55, 53-72.

Elliott, D. (1993) *Spiritual Marriage. Sexual Abstinence in Medieval Wedlock,* Princeton: Princeton University Press.

Fear, A. T. (2010) *Orosius. Seven Books of History against the Pagans. Translated with an introduction and notes,* Liverpool: University of Liverpool.

Gillett, A. (1993) «The Date and Circumstances of Olympiodorus of Thebes», *Traditio* 48, 1-29.

— (2001) «Rome, Ravenna and the Last Western Emperors», *Papers of the British School at Rome* 69, 131-167.

Graves, M. (2011) «The Biblical Scholarship of a Fourth-Century Woman. Marcella of Rome», *Ephemerides Theologicae Lovanienses* 87, 375-391.

Harries, J. (2013) «Men Without Women: Theodosius' Consistory and the Business of Government», en C. Kelly (ed.) *Theodosius II. Rethinking the Roman Empire in late Antiquity,* Cambridge: Cambridge University Press, 67-89.

Heather, P. (2006[2]) *The Fall of the Roman Empire: a New History of Rome and the Barbarians,* N.Y.: Oxford University Press.

Hillner, J. (2003) «Domus, Family, and Inheritance: The Senatorial Family House in Late Antique Rome», *The Journal of Roman Studies* 93, 129-145.

— (2017) «A woman's place: Imperial women in late antique Rome», *Antiquité Tardive* 25, 57-76.

— (2019a) «Empresses, Queens, and Letters: Finding a 'Female Voice' in Late Antiquity?», *Gender & History* 31, 353-382.

— (2019b) «Preserving female voices: female letters in late antique letter collections», en R. Lizzi Testa - G. Marconi (eds.) *The Collectio Avellana and Its Revivals*, Newcastle: Cambridge Scholars Publishing, 210-244.

Huskinson, J. (2011) «*Habent sua fata*: Writing life histories of Roman Sarcophagi», en J. Elsner - J. Huskinson (eds.) *Life, Death and Representation. Some New Work on Roman Sarcophagi*, Berlín: De Gruyter, 55-82.

Icks, M. (2020) «Three Usurpers in Rome. The Urbs Aeterna in the Representation of Maxentius, Nepotian, and Priscus Attalus», *Studies in Late Antiquity* 4, 4-43.

Johnson, M. J. (2014[2]) *The Roman Imperial Mausoleum in Late Antiquity*, Cambridge: Cambridge University Press.

Jones, A. H. M. - Martindale, J. R. - Morris, J. (1971) *The Prosopography of the Later Roman Empire. Vol. I. A.D. 260-395*, Cambridge: Cambridge University Press.

Kulikowski, M. (2007) *Rome's Gothic Wars. From the Third Century to Alaric*, N.Y.: Cambridge University Press.

— (2019) The *Tragedy of Empire. From Constantine to the Destruction of Roman Italy*, Cambridge, Massachusetts: Harvard University Press.

Kurdock, A. (2007) «*Demetrias ancilla dei*: Anicia Demetrias and the problem of the missing patron», en J. Hillner - K. Cooper (eds.) *Religion, Dynasty, and Patronage in Early Christian Rome, 300–900*, Cambridge: Cambridge University Press, 190-224.

Laato, A. M. (2014) «What Makes the Holy Land Holy? A Debate between Paula, Eustochium, and Marcella (Jerome, Ep. 46)», en E. Koskenniemi - J. Cornelis de Vos (eds.) *Holy Places and Cult*, State College PA: Åbo Akademi University Eisenbrauns, 169-199.

Laurence, P. (2002) «Proba, Juliana, et Démétrias», *Revue des Études Agustiniennes* 48, 131-163.

Leonard, V. (2019) «Galla Placidia as 'Human Gold': Consent and Autonomy in the Sack of Rome, CE 410», *Gender & History* 31, 334-352.

— (2022) *In Defiance of History. Orosius and the Unimproved Past*, Londres: Routledge.

Lipps, J. - Machado, C. - von Rummel, P. eds. (2013) *The Sack of Rome in 410 AD: The Event, its Context and its Impact* (Proceedings of the Conference held at the German, Archaeological Institute at Rome, 04-06 November 2010), Wiesbaden: Reichert Verlag.

Lizzi Testa, R. (2022) *Christian Emperors and Roman Elites in Late Antiquity*, Londres: Routledge.

Luckritz Marquis, C. (2017) «Namesake and Inheritance», en C.M. Chin - C. T. Schroeder (eds.) *Melania. Early Christianity through the Life of One Family*, Oakland: University of California Press, 34-49.

Machado, C. (2011) «Roman Aristocrats and the Christianization of Rome», en P. Brown - R. Lizzi Testa (eds.) *Pagans and Christians in the Roman Empire: the Breaking of a Dialogue*, Viena: LIT Verlag, 493-516.

— (2013) «The Roman Aristocracy and the Imperial Court, before and after the sack», en J. Lipps, J. - C. Machado - P. von Rummel (eds.) 49-76.

Mackie, G. (1995) «The Mausoleum of Galla Placidia: a possible occupant», *Byzantion* 65, 396-404.

Martindale, J. R. (1980) *The Prosopography of the Later Roman Empire. Vol. II. A.D. 395-527*, Cambridge: Cambridge University Press.

Mathisen, R. (2013) «*Roma a Gothis Alarico duce capta est*. Ancient Accounts of the Sack of Rome in 410 CE», en J. Lipps - C. Machado - P. von Rummel (eds.), 87-102.

Matthews, J. F. (1970) «Olympiodorus of Thebes and the History of the West (A.D. 407-425)», *Journal of Roman Studies* 60, 79-97.

— (1975) *Western Aristocracies and Imperial Court, AD 364-425*, Oxford: Clarendon Press.

McEvoy, M. (2013a) *Child Emperor Rule in the Late Roman West, AD 367-455*, Oxford: Oxford University Press.

— (2013b) «The mausoleum of Honorius: Late Roman imperial Christianity and the city of Rome in the fifth century», en R. McKitterick - J. Osborne - C.M. Richardson - J. Story (eds.) *Old Saint Peter's, Rome*, N.Y.: Cambridge University Press, 119-136.

Oost, S. I. (1968) *Galla Placida Augusta: A Biographical Essay*, Chicago: The University of Chicago Press.

Paolucci, F. (2008) «La tomba dell'imperatrice Maria e altre sepolture di rango di età tardoantica a San Pietro», *Temporis Signa: Archeologia della tarda antichità e del medioevo* 3, 225-52.

Paschoud, F. (1986) *Zosime. Histoire Nouvelle. Tome III, 1re partie, Livre V*, París: Les Belles Lettres.

Pawlak, M. (2005) «Theodosius, a Son of Athaulf and Galla Placidia», *Eos* 92, 224-243.

Rebenich, S. (1985) «Gratian, a Son of Theodosius, and the Birth of Galla Placidia», *Historia: Zeitschrift für Alte Geschichte* 34, 372-85.

— (1989) «Gratianus Redivivus», *Historia: Zeitschrift für Alte Geschichte* 38, 376-379.

— (2002) *Jerome*, Londres: Routledge.

— (2009) «Christian Asceticism and Barbarian Incursion: The Making of a Christian Catastrophe», *Journal of Late Antiquity* 2, 49-59.

Roberto, U. (2012) *Roma capta. Il Sacco della città dai Galli ai Lanzichenecchi*, Bari: Editori Laterza.

Rubenson, S. (2022) «Why did the Origenist Controversy begin? Re-thinking the standard narratives» *Modern Theology* 38, 318-337.

Salzman, M. R. (2021) *The Falls of Rome. Crises, Resilience, and Resurgence in Late Antiquity*, Cambridge: Cambridge University Press.

Sanchis Calabuig, J. (en prensa) «Singledia, Galla Placidia's niece: a Gothic woman in Ravenna?» *Historia: Zeitschrift für Alte Geschichte*.

Scharf, R. (1998) «Verwandte des theodosianischen Kaiserhauses: ein Nachtrag zur PLRE», *Historia: Zeitschrift für Alte Geschichte* 47, 495-499.

Sessa, K. (2011) «Ursa's Return: Captivity, Remarriage, and the Domestic Authority of Roman Bishops in Fifth-Century Italy», *Journal of Early Christian Studies* 19, 401-432.

Trout, D. E. (1999) *Paulinus of Nola. Life, Letters, and Poems*, Berkeley: University of California Press.

Vihervalli, U. (2022) «Wartime rape in late antiquity: consecrated virgins and victim bias in the fifth-century west», *Early Medieval Europe* 30, 3-19.

Wieser, V. (2016) «"Like a safe tower on a steady rock". Widows, wives and mothers in the ascetic elites of Late Antiquity», *Tabula: časopis Filozofskog fakulteta, Sveučilište Jurja Dobrile u Puli* 14, 4-21.

Wijnendaele, J. W. P. (2015) *The Last of the Romans. Bonifatius - Warlord and comes Africae*, Londres: Bloomsbury.

— (2016) «Stilicho, Radagaisus, and the So-Called "Battle of Faesulae" (406 CE)», *Journal of Late Antiquity* 9, 267-284.

— (2018) «'Dagli altari alla polvere.' Alaric, Constantine III, and the downfall of Stilicho», *Journal of Ancient History* 6, 260-277.

ÍNDICE ONOMÁSTICO

Antropónimos

Aecio 106

Agustín de Hipona 38, 40, 41, 87

Alarico I 11, 23, 25-29, 31, 32, 37, 38, 40, 42, 45, 51, 58, 59 (n. 100), 60, 61, 67-69, 86, 87, 89, 91, 99, 101; esposa 89; hija 89

Albina (madre de Marcela) 74, 75

Albina (madre de Melania la Joven) 51-54, 58, 59, 62, 98

Amanda 98

Ambrosio de Milán 19, 65, 97

Ampelio 69

Anicia Faltonia Proba 12, 31-43; hijo anónimo 32

Anicia Juliana 36, 38-41

Anicia Proba 32

Anicio Petronio Probo 32, 35, 39, 84

Anónima (virgen anciana) 86-88

Antonio, asceta 78

Aper 98

Arcadio 18, 23, 27, 63, 64

Asela 74, 76

Atanasio de Alejandría 76-78

Ataúlfo 68-71, 89, 101-105, 109-113; hermana 68, 89; primera esposa 89, 103

Ausonio 93-95

Avita 51, 52

Blesila 78, 79

Bonifacio 106

Celestino I, papa 41

Celso 55, 92, 96

Claudiano 18, 20, 22, 34

Colatino 95

Constancia 46, 47

Constancio II 46

Constancio III 70, 102, 104-106

Constantino I 11, 46, 47, 108, 112

Constantino III 26

Dámaso I, papa 78, 79

Demetríade 38-42

Egeria 12

Epifanio de Salamina 54, 76

Estilicón 17-30, 34, 40, 49, 56, 57, 65, 66, 70

Eudocia, Aelia 12

Eugenio 18, 19, 65

Euquerio 17, 18, 20, 21, 27, 29, 30, 65, 66

Eustoquia 76, 79-80

Faltonia Betitia Proba 12, 32, 33

Faustina 46, (n. 76)

Félix (mártir) 51, 93, 97, 98

Félix (magister militum) 106

Firmo 16

Flaccila, Aelia 15, 22, 63

Fortunio 83-85

Furia 32

Gala 20, 28, 49, 63-65

Gala Placidia 12, 19, 20, 28, 63-72, 83, 85, 89, 101-113

Genserico 62

Geroncio 53

Graciano (emperador) 16, 45-49, 93

Graciano (hijo de Teodosio I y Gala) 49, 64, 109

Grata 63, 105

Helpidia 65, 67

Heracliano 40, 70

Honorio (padre de Serena) 15, 16

Honorio (emperador) 11, 18-28, 30, 37, 40, 48, 56, 57, 63, 65-68, 70, 72, 102-106, 112

Ingenuo 101

Inocencio I, papa 83-85

Jerónimo 38, 39, 54, 59, 73, 74, 76-82, 88; hermano 54

Jovino 70

Juan (hijo de Teodosio I) 109

Juan (usurpador) 106

Juan, obispo de Jerusalén 54

Juan Crisóstomo 38

Justa 63, 105

Justa Grata Honoria 105, 107, 108

Justina 33, 63, 64, 105

Justo y Pastor, mártires 96

Laeta 45-49

Lampadio 27

Lea 76

León I, papa 42, 107, 110, 111

Licinia Eudoxia 107

Lucio Tarquinio 95; hijo 95

Lucrecia 95

Magno Máximo 17, 33, 47, 63, 64

Majencio 110

Marcela 73-82, 88; marido 74

Marco 26

María (¿madre de Serena?) 15, 22

María (hija de Serena) 17, 20-21, 24-26, 30, 65, 66, 112

Melania la Joven 12, 23, 28, 51-62, 76, 96, 98; hermanos 55; hijos 55

Melania la Mayor 51-55, 75, 98; marido 53

Mesala 46

Neracio Cereal 74, 75

Olibrio (Anicio Hermogeniano Olibrio) 32, 34-36, 38

Olimpio 27

Olimpiodoro 104

Orígenes 54

Orosio 86-88

Paula la Mayor 53, 73, 76, 78-80.

Paulino de Antioquía 76

Paulino de Nola 51, 52, 55, 60, 91-99; hermano 93

Pelagio 77

Pedro (apóstol) 36, 86, 111

Pedro (obispo de Alejandría) 77

Petronio Probo (Sexto Claudio Petronio Probo) 32-34, 36, 37

Piniano 51, 55-60, 62, 96, 98

Principia 74 (n. 127), 81, 82, 88

Prisco Átalo 38, 40, 68, 69, 101-103

Probino (Anicio Probino) 32, 34, 35, 39

Probo (Probus) 83-85

Procopio 46

Publícola, Valerio 53-55, 57

Quinto Clodio Hermogeniano Olibrio 32

Radagaiso 26, 37, 51, 87, 99

Restituta 83-85

Rufino (prefecto del pretorio) 19, 20, 22

Rufino de Aquilea 38 (n. 60), 54, 77, 98

Serena 12, 15-30, 45, 49, 56-58, 62, 65-67, 72

Severo 56, 57

Sigesario 68

Singerico 103

Singledia 105

Tanaquil 94, 95

Tarquinio Prisco 94

Teodorico I 89

Teodorico II 89

Teodosio (padre de Teodosio I) 16, 48

Teodosio I 15-20, 22, 28, 34, 45, 48, 49, 63-65, 109

Teodosio II 106-107

Teodosio (hijo de Gala Placidia) 103, 109-113

Terasia 51, 52, 55, 60, 76, 91-99

Termancia (hermana de Serena) 16, 17

Termancia (hija de Serena) 17, 20, 24-27, 30

Tirrania Anicia Juliana 32

Tisamene 45, 47-49

Turcio Aproniano 51, 52, 98

Ursa 12, 83-85

Valente 16, 17, 47

Valentiniano I 16, 46-48, 63, 93

Valentiniano II 33, 63, 64

Valentiniano III 104-108, 110

Walia 103

Topónimos

Adrianópolis 16

África (provincia romana) 16, 38-41, 53, 60-62, 69, 70, 87

Alejandría 60, 76-78

Alpes 26, 69

Aquilea 64

Aquitania 92, 93, 98

Asia (provincia romana) 41

Balcanes 26

Barcelona 52, 90, 91, 96-98, 102, 103, 105, 110-112

Belén 79, 80

Britania 26

Burdigala (Burdeos) 93

Campania 51, 52, 59, 60, 69, 91, 93

Cartago 40, 62

Complutum (Alcalá de Henares) 91, 92, 96

Consentia (Cosenza) 69

Constantinopla 11, 15-20, 27, 46, 47, 63, 64, 106, 107, 112
Mausoleo de Constantino 47

Éfeso 107

Egipto 53

Emilia (provincia) 71 (n. 123)

Faesulae (Fiesole) 26, 37, 51, 87

Forum Iulii 71 (n. 123)

Frígido, río 19

Galia 26, 34, 69, 92, 101, 103

Grecia 25

Hipona 87

Hispania 15, 16, 22, 52, 53, 92, 93, 103 (n. 189)

Iliria / Ilírico 25, 26, 34

Italia 20, 25, 26, 28 33, 37, 39, 40, 58, 60, 63, 64, 69, 99, 107, 111

Jerusalén 53, 60, 62

Lípari, islas 103

Lucania 60, 91

Lugdunum (Lyon) 47

Milán 11, 19, 26, 34, 64, 65
Sepulcro de Nazario 22, 23

Monza (museo de la catedral) 21

Museo del Louvre (París) 24

Nápoles 52

Narbona 70-72, 101-103, 110

Nicomedia 112

Nola 51, 52, 60, 69, 91, 93, 96-99

Nórico 26, 37

Palestina 52, 53, 60, 62, 76, 79, 80

Panonia 46

Po, río 26

Rávena 11, 23, 26, 27, 65, 67, 70, 105-108, 110, 111
Iglesia de San Juan Evangelista 107-110
Iglesia de la Santa Cruz 107, 111
'Mausoleo de Gala Placidia' 112

Rhegium (Reggio Calabria) 69

Rin, río 26, 37

Roma *passim*
    Aventino, colina 75, 81
    'Basílica de Julio' 42 (n. 71).
    Basílica de San Pablo (extramuros) 82 (n. 145), 107
    Basílica de San Pedro 24, 36, 37, 88, 112
    Basílica Lateranense 42 (n. 71)
    Capilla de Santa Petronila 24, 112
    Casa de Marcela 42 (n. 71), 73, 81
    Casa de Melania y Piniano 42 (n. 71), 58, 59
    Celio, colina 58, 59
    Coliseo 11
    Esteban Protomártir, iglesia 42
    Foro de la Paz 42 (n. 71)
    Horti Salustiani 42 (n. 71)
    Mausoleo de Honorio 24, 37, 111, 112
    Mausoleo de los Probi 36
    Muralla aureliana 26, 32
    Panteón 11
    Puerta Salaria 32
    Templo de Magna Mater 29
    Termas de Diocleciano 11
    Trastévere 42 (n. 71)
Sicilia 59, 60
Siria 40, 76
Sirmium 11
Tesalónica 33, 63, 64
Tíber, río 45
Ticinum (Pavía) 27
Tracia 18
Tréveris 11, 46-49, 93
Troya 32, 59
Valentia (Valence) 70
Vesubio, monte 91

CRONOLOGÍA

364   Valentiniano I, proclamado augusto.
Valente, hermano de Valentiniano I, nombrado augusto (de Oriente).

365   Usurpación de Procopio en Constantinopla.

366   Procopio muere en Nicea. Fin de la usurpación.

367   Graciano, hijo de Valentiniano I y Marina Severa, nombrado augusto.
Valentiniano I se establece en Tréveris.

c. 368   Valentiniano I repudia a Marina Severa y se casa con Justina.

c. 370   Nace Gala, hija de Justina y Valentiniano I.

371   Nace Valentiniano II, hijo de Justina y Valentiniano I.

c. 372   Graciano se casa con Constancia, hija de Constancio II.

372   Usurpación de Firmo, en África.

374   Ambrosio, elegido obispo de Milán.

375   Muere Valentiniano I, en Brigetio. Valentiniano II, proclamado augusto.

375/6   Teodosio padre, ejecutado.

376   Los godos cruzan el Danubio. Valente llega a un pacto con ellos.

c. 377   Nace Arcadio, hijo de Teodosio I y Aelia Flaccila, en Hispania.

378   Batalla de Adrianópolis. Muere Valente.
Teodosio (= Teodosio I) es enviado a Oriente.

379   Teodosio I, proclamado augusto en Sirmium.

382   Tratado de paz de Teodosio I con los godos.

383   Usurpación de Magno Máximo, en Britania.
Muere Constancia, esposa de Graciano. Este se casa con Laeta.
Muere Graciano en Lugdunum.

Arcadio, nombrado augusto.

384 Nace Honorio, hijo de Teodosio I y Aelia Flaccila.

386 Muere Aelia Flaccila, esposa de Teodosio I.

387 Magno Máximo invade Italia. Justina y sus hijos huyen a Tesalónica.

Teodosio I se casa con Gala.

388 Campaña de Teodosio I contra Magno Máximo.

Muerte de Magno Máximo, en Aquilea.

Muere Justina (aprox.).

392 Muere Valentiniano II.

Usurpación de Eugenio.

392/3 Nace Gala Placidia, hija de Teodosio I y Gala.

393 Honorio, proclamado augusto.

394 Muere Gala.

Batalla del río Frígido: Teodosio I vence a Eugenio.

395 Muere Teodosio I, en Milán.

Arcadio se casa con Aelia Eudoxia.

Revuelta de Alarico en los Balcanes.

398 Honorio (augusto de Occidente) se casa con María, hija de Estilicón y Serena.

401 Alarico ataca Italia.

Nace Teodosio II, hijo de Arcadio y Aelia Eudoxia.

402 Teodosio II, nombrado augusto.

Estilicón derrota a Alarico.

La residencia imperial es trasladada de Milán a Rávena.

404 Muere Aelia Eudoxia, esposa de Arcadio.

405 Radagaiso, rey godo, invade Italia.

406 Estilicón vence a Radagaiso en Faesulae.

Usurpación de Marco en Britania.

A finales de año, los vándalos, los suevos y los alanos cruzan el Rin.

407 Muerte del usurpador Marco.

Usurpación de Graciano, en Britania. Es asesinado a los pocos meses.

Constantino (= Constantino III), proclamado augusto en Britania.

Constantino III se traslada con su ejército a la Galia.

407/8	Muere María, esposa de Honorio.
408	Honorio se casa con Termancia, hija de Estilicón y Serena.
	Muere Arcadio, augusto de Oriente.
	Estilicón es ejecutado en Rávena.
	Alarico en Italia. Primer asedio de Roma.
	El usurpador Constantino III nombra augusto a su hijo Constante.
409	Segundo asedio de Alarico a Roma.
	Prisco Átalo, elegido augusto en connivencia con Alarico.
410	Destitución de Prisco Átalo.
	Tercer asedio de Roma, y posterior saqueo.
	Alarico se dirige hacia el sur de Italia.
	Muere Alarico, en Consentia (Cosenza).
	Ataúlfo, elegido rey de los godos.
411	Constantino III, derrotado en Arles y posteriormente ejecutado.
	Usurpación de Jovino en Germania.
	Los godos se dirigen a la Galia.
412	Sublevación de Heracliano en África.
413	Muerte de Jovino.
	Los godos se establecen en la Narbonense.
414	Boda de Ataúlfo y Gala Placidia en Narbona.
	Prisco Átalo, nombrado augusto por segunda vez.
414/5	Nace Teodosio, hijo de Ataúlfo y Gala Placidia.
415	Muere Teodosio, en Barcelona.
	Ataúlfo es asesinado. Lo sucede Sigerico.
	Sigerico muere asesinado. Walia, nuevo rey de los godos.
	Muere Termancia.
417	Gala Placidia se casa con Constancio (= Constancio III).
417/8	Nace Justa Grata Honoria, hija de Gala Placidia y Constancio.
418	Muere Walia, rey visigodo; lo sucede Teodorico I.
	Los godos se establecen en Aquitania.
419	Nace Valentiniano III, hijo de Gala Placidia y Constancio.
421	Constancio III, proclamado augusto.
	Teodosio II se casa con Aelia Eudocia.
	Muere Constancio III.
422	Gala Placidia se marcha a Constantinopla con sus hijos.
423	Muere el augusto Honorio.

Usurpación de Juan, en Roma.

424 Campaña de Teodosio II contra el usurpador Juan.

Valentiniano III, nombrado césar.

425 Juan, derrotado y ejecutado en Aquilea.

Valentiniano III, nombrado augusto.

428 Genserico, elegido rey de los vándalos en Hispania.

429 Los vándalos se trasladan a África.

430 Muere Agustín de Hipona.

431 Muere Paulino de Nola.

437 Valentiniano III se casa con Licinia Eudoxia, en Constantinopla.

438 Se publica el Códice Teodosiano.

439 Genserico toma Cartago.

440 León I, elegido obispo de Roma.

449 Concilio de Éfeso II.

450 Muere Teodosio II, en Constantinopla.

Muere Gala Placidia, en Roma.

ÁRBOLES GENEALÓGICOS

I. DINASTÍA VALENTINIANA

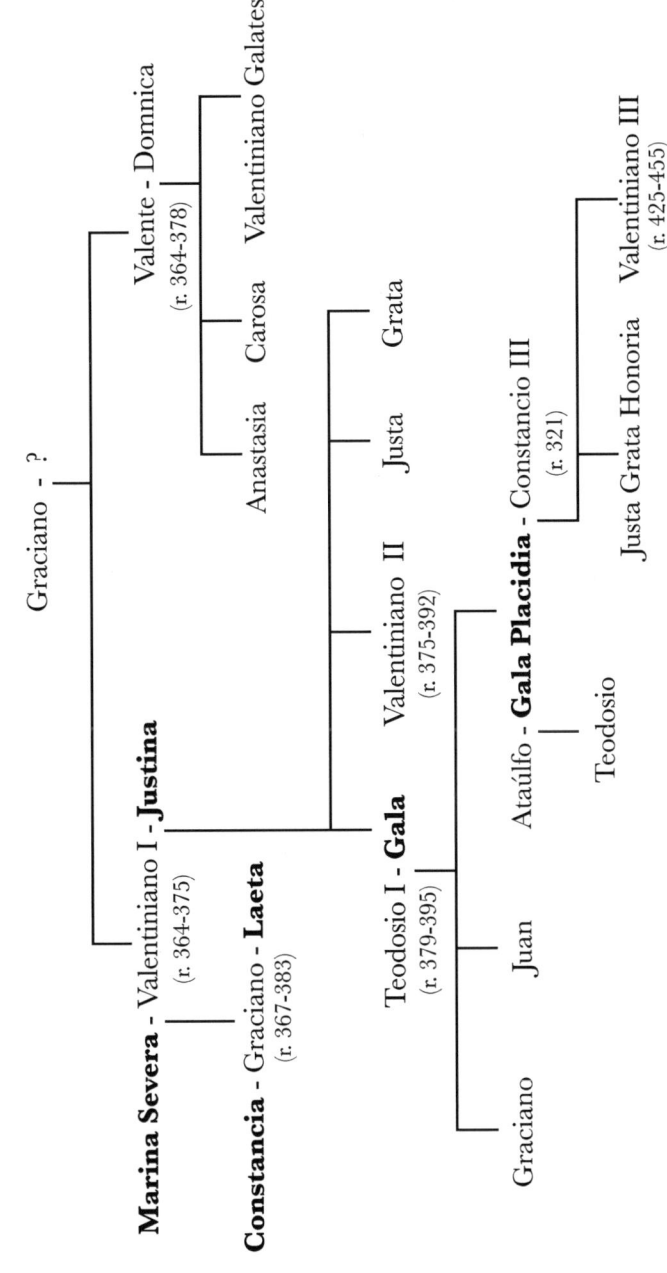

2. DINASTÍA TEODOSIANA

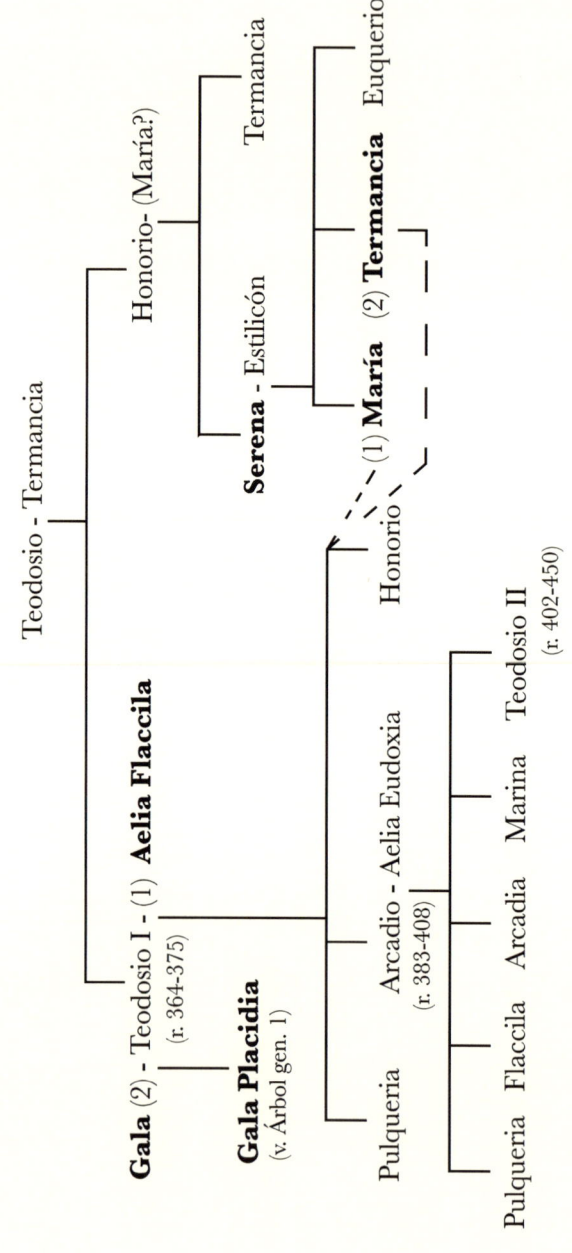

3. ANICIA FALTONIA PROBA

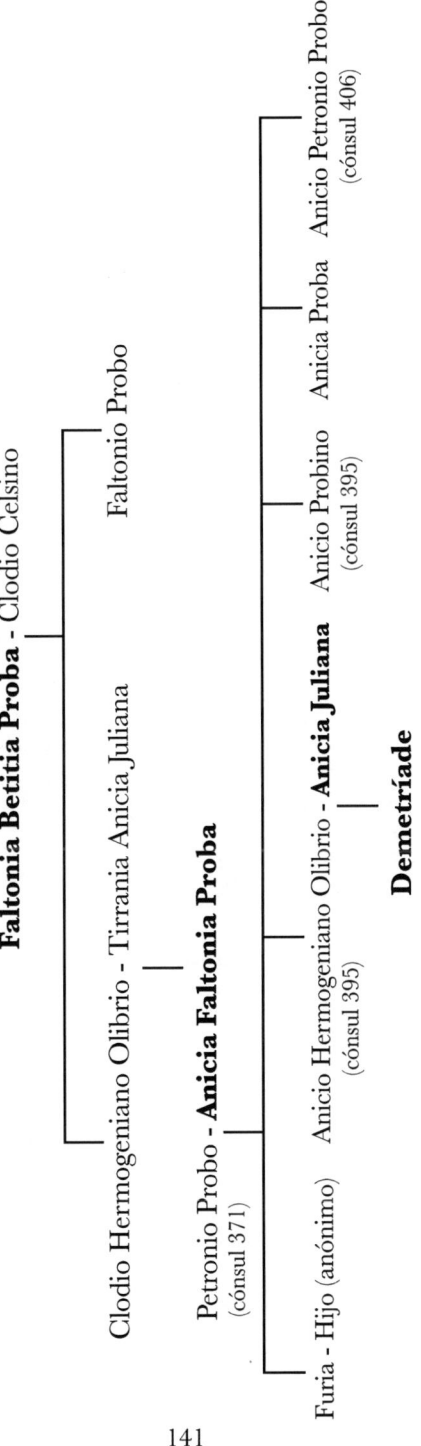

Faltonia Betitia Proba - Clodio Celsino

Faltonio Probo

Clodio Hermogeniano Olibrio - Tirrania Anicia Juliana

Petronio Probo - **Anicia Faltonia Proba**
(cónsul 371)

Furia - Hijo (anónimo)

Anicio Hermogeniano Olibrio - **Anicia Juliana**
(cónsul 395)

Demetríade

Anicio Probino
(cónsul 395)

Anicia Proba

Anicio Petronio Probo
(cónsul 406)

4. MELANIA LA JOVEN

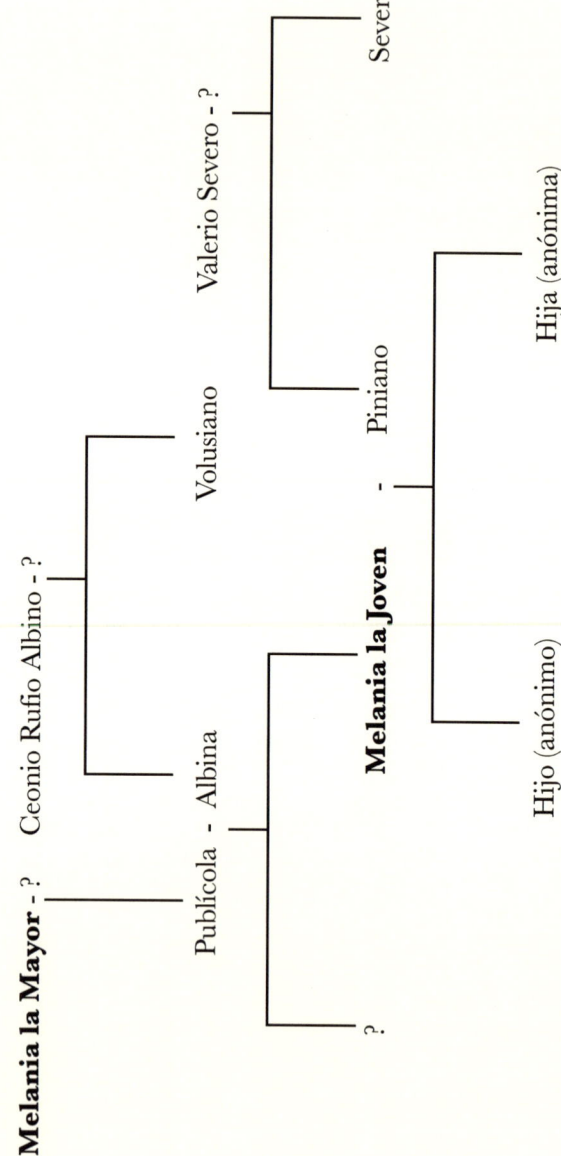

Melania la Mayor - ?

Publícola - Albina   Ceonio Rufio Albino - ?

?   Volusiano

Valerio Severo - ?

Severo

Melania la Joven - Piniano

Hijo (anónimo)   Hija (anónima)